NORDFRIESISCHE INSELN
SYLT

DIE ELEGANTE SCHÖNE

Thomas Fröhling

NORDFRIESISCHE INSELN
SYLT

DIE ELEGANTE SCHÖNE

Koehlers Verlagsgesellschaft

Hamburg

Fotos: Thomas Fröhling, Sylt-Marketing GmbH
Karte: iGrafik | Holger Bennewitz | Stefan Wolff | Bonn/Frankfurt

Coverabbildungen:
© Rainer Sturm/PIXELIO, Thomas Fröhling (unten)

Ein Gesamtverzeichnis der lieferbaren Titel schicken wir Ihnen gerne zu.
Bitte senden Sie eine E-Mail mit Ihrer Adresse an:
vertrieb@koehler-books.de
Sie finden uns auch im Internet unter: www.koehler-books.de

Bibliografische Information der Deutschen Nationalbibliothek
Die Deutsche Nationalbibliothek verzeichnet diese Publikation in der
Deutschen Nationalbibliografie; detaillierte bibliografische Daten sind im
Internet über http://dnb.d-nb.de abrufbar.

ISBN 978-3-7822-1096-6
Koehlers Verlagsgesellschaft, Hamburg

Layout: Inge Mellenthin
Druck und Bindung: DZS Grafik, Slowenien

INHALT

N

Ellenbogen

List
• *Erlebniszentrum Naturgewalten Sylt*

S Y L T

Melhörn

Westerheide • • Süderheide

N o r d s e e

Nationalpark Wattenmeer

Rotes Kliff

Kampen

Wenningstedt

Braderup

Westerland

Munkmarsch

Flughafen Westerland/Sylt

Keitum

Tinnum

Morsum

Hindenburgdamm

Rantumbecken

Archsum

Rantum

Sansibar •

N a t i o n a l p a r k   W a t t e n m e e r

10 km

Hörnum
• *Leuchtturm*

F Ö H R

Dafür ist Sylt bekannt:
urwüchsige Landschaft und wunderschöne Häuser.

SYLT – DAS BESONDERE EILAND

Die Insel in der Nordsee ist so einzigartig wie wandlungsfähig. Für viele der Inbegriff der Party- und Promikultur – die Insel für die Schönen und Reichen. Mit dem markanten Aufkleber am Premium-Kfz zeigt man gerne, wer dazu gehört und wer sich die Insel leisten kann. Wer aber mal mit dem Zug über den Hindenburgdamm gefahren ist, lernt ein Sylt kennen, das einen besonderen Reiz und Charme hat. Man kann den Promis aus dem Weg gehen und erlebt eine wunderschöne Insel. 40 Kilometer feinster Sandstrand, die raue und liebenswerte Nordsee, Ebbe und Flut, das Wattenmeer, eine unvergleichliche Landschaft, Ruhe, schöne Häuser und Orte. 850.000 Urlauber pro Jahr wissen um die Einzigartigkeit der Insel. Sie lieben die vielen Möglichkeiten auf Sylt, und ja, wenn einmal ein Promi auf dem Nachbarhandtuch liegt, kann man sagen: Er und ich haben schon zusammen am Strand gelegen. Die Ferieninsel ist die viertgrößte deutsche Insel und rangiert bei der Beliebtheit sehr weit oben. Das 99 Quadratkilometer große Eiland ist das Wohnzimmer der Schleswig-Holsteiner und Hamburger. Wer dort wohnt, hat es nicht weit, um seinen Jahresurlaub auf der Insel zu verbringen oder das Wochenende zu genießen.

MIT DEM AUTOZUG AUF DAS EILAND

Die Anreise ist einfach, der Zug fährt direkt auf die Insel. Keine Fähre, kein langes Warten – und das Auto kann auch noch mitgenommen werden dank dem Autozug der Bahn. Erstes Ziel bei den Neuankömmlingen ist der breite Weststrand mit seinem Puderzuckersand. Ein Blick auf die Nordsee, in den weiten blauen Himmel und die Sonne – dann geht jedem das Herz auf. Unvergessen die Abende am Roten Kliff zwischen Wenningstedt und Kampen, wenn die untergehende Sonne das bis zu 30 Meter hohe Kliff in ein Farbenmeer verwandelt. Man möchte den Blick nicht abwenden, man möchte jetzt nicht nach Hause, man würde etwas verpassen. Nur etwas unspektakulärer geht es an der Ostseite zu. Bei Ebbe ist das

Natur ist überall auf Sylt.

Ein Muss für jeden Sylter und jeden Gast:die »Uwe-Düne«.
Auf 52 Meter Höhe hat man einen grandiosen Blick über die Insel.

Wattenmeer besonders schön anzusehen, wenn die Abendsonne den Meeresgrund in eine endlose Spiegelfläche verwandelt. Bei List – kurz vor Dänemark – sind die letzten Wanderdünen zu bewundern. So mächtig sie auch daherkommen, umso mehr Kopfzerbrechen bereitet es den Insulanern, dass bei jeder Sturmflut ein Stück ihres Eilands abhanden kommt. Was die Nordsee vor über 180.000 Jahren gab, nimmt sie sich nun Stück für Stück wieder zurück. Die Probleme mit dem Blanken Hans – wie der Sturm an der Küste genannt wird – hat jede Insel. So werden beispielsweise am Strand von Norderney (im Volksmund als die kleine Schwester von Sylt bezeichnet) Hunderte Tonnen Sand aufgespült, um dem Landverlust Einhalt zu gebieten. Auf Sylt mussten Häuser von der Kliffkante entfernt werden, um ein Abstürzen zu vermeiden. Das Restaurant »Zur Sturmhaube« macht seinem Namen alle Ehre. Es ist bereits die dritte »Sturmhaube«, die erste war dort, wo jetzt die Nordsee tobt. Auch »Sturmhaube« Nummer zwei musste weiter ins Land gebaut werden, weil die Kliffkante immer näher kam. »Sturmhaube« drei ist rund 30 Meter von der Kante entfernt – noch. Und man kann nichts dagegen tun.

DIE NORDSEE ZEIGT SICH VON IHRER RAUEN SEITE

Die Nordsee zeigt bei Sturmflut ihr fieses Gesicht. Bei Sonnenschein und Flaute kommt sie wie ein zahmes Kätzchen daher. Wehe, wenn der Wind die Wellen in Bewegung setzt. Am Strand – in sicherer Entfernung – ein unvergleichliches Naturschauspiel. Seenotretter können abendfüllend darüber berichten, wie es auf hoher See aussieht, wenn Schiffe sich dem Kampf mit der Nordsee stellen. In List und Hörnum hat man Gelegenheit, die Männer auf den Rettungsbooten zu treffen.

AUF DER UWE-DÜNE GIBT ES VIEL ZU SEHEN

Einen gradiosen Ausblick hat der Betrachter von der »Uwe-Düne« – eine 52 Meter hohe Düne mit Rundblick auf West- und Ostufer, die Skyline von Westerland und die weite Dünenlandschaft Richtung List. Namensgeber ist der Sylter Freiheitskämpfer Uwe Jens Lornsen. Infotafeln auf der Aussichtsplattform erklären die heimische Tier- und Pflanzenwelt.

REETGEDECKTE FRIESENHÄUSER ALLERORTS

Wer es etwas ruhiger mag, wird die Flora und Fauna der Insel lieben lernen. Zwischen Kampen und Braderup verwöhnt die Braderuper Heide auf 137 Hektar das Auge mit leuchtenden Farben, wenn im Frühjahr und Herbst Ginster, Buschwacholder und Erika blühen. Saftig grüne Wiesen, endlose Heidelandschaften und sandige Dünen mit hellgrünem Strandhafer, dazu rosa blühende Syltrosen lassen das Herz höher schlagen. Sylt bietet dem Auge eine Menge Abwechslung. Reetgedeckte Häuser auf Grundstücken mit Blick auf das Meer – leider für die meisten unerschwinglich – verleihen der Insel ihren besonderen Charakter. Eben Sylt. Wer hierherkommt, wird die Insel lieben.

Sylt ist bekannt und beliebt für seine Friesenhäuser – auch wenn die meisten neuerer Bauart sind.

TRAUMINSEL SYLT

... DIE SEELE BAUMELN LASSEN!

VIELE MÖGLICHKEITEN ZUM SPORTTREIBEN

Was die Landschaft für Naturliebhaber ist, sind die unzähligen Wassersportmöglichkeiten für die Bewegungsfreudigen. Weltbekannt ist das Surfrevier an der Westküste. In Westerland messen sich jährlich beim Windsurf World Cup die geschicktesten Windsurfer und fahren ihre Besten aus. Alles, was sich irgendwie auf dem Wasser segeln, fahren und bewegen lässt, wird sich auf Sylt finden. Beliebt ist auch das Brandungsbaden am Weststrand, wenn sich die Wagemutigen den gewaltigen Brechern der Nordsee stellen. Der Strand bietet für jeden Geschmack ein persönliches Stück. Spaziergänger können unendlich ausgedehnte Wanderungen am Wasser unternehmen. Sonnenanbeter finden im Getummel oder an ruhigen Strandecken ihren persönlichen Lieblingsplatz. Für Sport- und Freizeitarten wie Drachensteigen, Frisbee oder Beachvolleyball sind einige Strandabschnitte reserviert. Aber alle lieben das Leben am Meer, die salzhaltige Luft, den endlosen Blick hinaus auf die Nordsee, das Spiel der Wellen, die Sonne, die Wärme, den weichen und warmen Sand und die laue Brise, die einem um die Nase weht.

40 Kilometer langer Sandstrand: traumhafte Wellen, kräftige Brandung, salzhaltige Luft.

Häuser in bester Lage (links).

Der nördlichste Punkt der Insel und
Deutschlands: der Hafen von List.

Kulinarisch ist Sylt so vielfältig wie ausgezeichnet. Zahlreiche Köche haben sich hier
ihre Sterne und Auszeichnungen verdient, verwöhnen ihre Gäste mit einfallsreichen
Kreationen und Genüssen. Aber auch Imbissbudenbesitzer gelangen auf Sylt zu
Ruhm und Erfolg. Der bekannteste ist wohl Jürgen Gosch, der von seiner Bude aus
am Hafen von List zwar nicht die Welt, aber den Großteil Deutschlands eroberte.

AM ABEND AN DEN STRAND

Abends wird es ruhiger an den Stränden. Paare halten ihre Schuhe an den Schnür-
senkeln, wenn sie Arm in Arm – die Füße im Wasser – am Strand spazieren gehen
und über den Sinn des Lebens philosophieren. In den Kneipen und den Restaurants
wird es dann voller. Vor allem in Kampen feiert die Promiszene bis in die frühen
Morgen. Zwar sind die wilden Zeiten in den Nachtklubs wie das »Pony« oder »Gogärtchen« etwas ruhiger geworden, doch die Geschichten der Stars und Sternchen
sind noch in aller Munde. Gerne erzählt man sich die Storys, wie Jetset-Playboys zu
wilden Partys aufriefen oder in den 1970ern die legendären Strandfeste auf der Insel
stattfanden. Das alles gibt es heute auch noch. Gerne werden Premiumautomobile
präsentiert. Um Arme und Hals tragen gut betuchte Leute Schmuck und Uhren im
Wert von Mehrfamilienhäusern. Wer das alles nicht braucht, wird es auf Sylt nicht
vermissen. Jeder bekommt das Stück Lieblingsinsel ab, das er sich wünscht. Sylt
ist groß und bunt. Jeder nach seiner Fasson und jeder wie er mag. Unterm Strich
zählen die Erholung und das Erlebnis, dabei gewesen zu sein und wiederkommen
zu können, wenn die Zeit es zulässt.

Wunderschöne Häuser überall auf Sylt. Reetdachhäuser sind auf Sylt Standard, so wie sie in alten Zeiten schon gebaut wurden.

STECKBRIEF EINER TRAUMINSEL

Sylt ...
- ist die größte deutsche Nordseeinsel mit einer Fläche von ca. 99 Quadratkilometern
- ist von Norden nach Süden 38,5 Kilometer lang
- ist von Ost nach West zwischen 350 und 12.600 Meter breit
- hat einen Umfang von 107 Kilometern
- ist zwischen acht und 20 Kilometer vom Festland entfernt
- liegt geografisch auf der gleichen Höhe wie Newcastle und die Südspitze Alaskas
- wurde vor ca. 8.000 Jahren vom Festland abgetrennt
- ist zu etwa 33 Prozent mit Dünen bedeckt, der Rest ist Geest und Marschlandschaft
- ist über den Hindenburgdamm seit 1927 mit dem Festland verbunden
- hat in List zwei Wanderdünen, die bis zu 1.000 Meter lang und 35 Meter hoch sind
- hat eine jährliche Sonnenstundenzahl von 1.750

Auf Sylt ...

- leben knapp 20.000 Einwohner und noch einmal so viele Zweitwohnungsbesitzer
- sind die größten Ortschaften Westerland (9.300 Einw.), Tinnum (2.500) und List (1.800)
- gibt es 58.500 Gästebetten
- machen jährlich 850.000 Gäste Urlaub
- weht der Wind meist aus westlicher Richtung
- ist der höchste Punkt 52,5 Meter über Normalnull
- ist die »Uwe-Düne« die höchste natürliche Erhebung
- stehen in der Saison 12.000 Strandkörbe an den Stränden
- leben in einem Quadratmeter Wattboden bis zu zwei Millionen Organismen
- gibt es 300 freilaufende Schafe
- backen die Bäcker in der Saison bis zu 200.000 Brötchen am Tag
- werden in der Blidselbucht vor List jährlich ca. eine Millionen Austern geerntet
- gehört das Wattenmeer um die Insel seit 2009 zum Weltnaturerbe

Besonders wegen der Landschaft kommen jährlich bis zu 850.000 Gäste auf die Insel.

Kulinarisch geht es auch im »Sansibar« zu.

STERNEMÄSSIG: SO SCHMECKT DIE INSEL

Wie die Insel so ihre Genüsse. Sylt ist bekannt für eine ausgezeichnete Küche und Gaumenfreuden von List bis Hörnum. Spitzenköche in den besten Restaurants der Insel treten Jahr für Jahr für die begehrten Auszeichnungen an die Töpfe, um ihre Besten auszukochen. Im Jahr 2014 verlieh der Restaurantführer »Guide Michelin« insgesamt neun Sterne an Sylter Küchenchefs. Auch der »Gault Millau« erteilte den Gastronomen erneut Bestnoten. Nirgendwo treffen Spitzenköche derart geballt aufeinander, um ihre Gäste mit den besten Speisen zu verwöhnen. Namen wie Johannes King (»Söl'ring Hof«, Rantum), Alexandro Pape (»Fährhaus«, Munkmarsch) oder Sebastian Zier (»La Mer«, List) sind auf der Insel in aller Munde. Ihre Kreationen locken die Gäste herbei: Austern aus List, Salzwiesenlamm aus Morsum und zahlreiche andere lokale Produkte aus den Meeres- und Kräutergärten prägen Sylter Speisekarten.

»Zum Niederknien schmackhaft ist beispielsweise der in Nussbuttermolke pochierte Kabeljau, der mit knackigen grünen Mandeln in verführerischem Kalbfonds schwimmt«, so finden Sterne-Tester die Spezialitäten vor, die sie zu Bestnoten treiben.

Ruhmreich in Sylt sind aber auch Imbisse und Strandbistros. Klein fing seinerzeit auch Jürgen Gosch mit seiner Fischbraterei in List an. Heute sind die Filialen in allen norddeutschen Städten zu finden. Oder die berühmteste Strandbude bei Rantum. Hier trifft sich alles, was sehen und gesehen werden will. Die »Sansibar« darf bei keinem Sylt-Besuch fehlen, in früheren Zeiten war sie beliebter Treffpunkt der Inselschickeria. Auch heute geben sich Sterne und Sternchen dort ein Stelldichein. Wer Glück hat, sieht dort Künstler und Berühmtheiten am Schampus nippen.

Für jeden Geschmack gibt die Insel etwas her. Jeder kommt auf seine Kosten. Alle Sylter Restaurants auf einen Blick gibt der »Genussflyer« her: »Sylt à la carte« ist per Mail zu haben unter info@ sylt.de oder telefonisch unter 04651-82020.

Mehr als 200 Lokalitäten warten auf ihre Besucher und bieten eine gastronomische Vielfalt, die seinesgleichen sucht. Ganz oben auf der Speisekarte stehen natürlich Meeresspezialitäten.

VOM MITTELALTER ZUM WELTNATURERBE

Die Insel wird zuerst um 1140 urkundlich erwähnt, damals noch als »Sild«, später »Syld«. Erst zu Beginn des 19. Jahrhunderts setzt sich die heutige Schreibweise durch. Die Herkunft des Namens gibt immer noch Rätsel auf. Ob er aus dem Englischen »sill« (Schwelle) oder dem Altdänischen »syll« (Schwelle, Fundamentstein) stammt, ist ungewiss. Plausibel ist wohl die altdänische Bezeichnung »sylt« für Salzwiese oder Brackwasser.

FRÜHER WAR SYLT DÄNISCH

Die älteste Kirche der Insel steht in Keitum und stammt aus dem Jahr 1020. Im 12. Jahrhundert gibt es bereits drei weitere: in Morsum, Eidum und Rantum. Je größer das Gotteshaus, desto reicher die Region. Die Insel gehört zum Königreich Dänemark, bis 1386 Margarethe I. Sylt dem Herzogtum Schleswig überlässt – nur List bleibt königlich.

REICHTUM DURCH DEN WALFANG

Mit dem Walfang beginnt im 16. Jahrhundert die goldene Zeit auf der Insel. Viele Männer zwischen elf und 70 Jahren treibt es hinaus aufs Meer nach Spitzbergen, um den Riesensäugern nachzustellen. Ende des 17. Jahrhunderts leben auf Sylt schon 2.800 Menschen.

ERST DÄNISCH, DANN PREUSSISCH

Der auf Sylt geborene Jurist und dänische Beamte Uwe Jens Lornsen (1793–1838) wird zum Vorkämpfer eines geeinten und von Dänemark weniger abhängigen Schleswig-Holsteins. Nach dem Deutsch-Dänischen Krieg von 1864 kommt Sylt zu Preußen, seit dieser Zeit nimmt auch der Fremdenverkehr stetig zu.

Prächtige Häuser in Westerland.

Seit jeher ist Kampen Treffpunkt der Schickeria.

DIE ERSTEN PROMIS KOMMEN NACH SYLT

Einer der ersten Prominenten, der sich auf Sylt erholt, ist der Autor Ferdinand Avenarius, ein Neffe Richard Wagners. Er baut Haus Uhlenbusch, das zum Treffpunkt berühmter Maler und Schriftsteller wird.

Etwa zur gleichen Zeit wird die Sylter Dampfspurbahn von Munkmarsch nach Westerland in Dienst gestellt. Ab 1901 führt eine zweite Strecke von Hörnum nach Westerland, 1908 wird auch List angefahren. Zu dieser Zeit wohnen bereits 3.915 Menschen auf der Insel, und jährlich kommen schon 25.000 Gäste zum Sonnenbaden hierher.

DER HINDENBURGDAMM VERBINDET

Ein Rückschlag ist der Erste Weltkrieg, als das Millität auf der Insel einzieht. Geschützstellungen und Unterkünfte für die Soldaten werden gebaut. Am Kriegsende stimmen anlässlich einer Volksbefragung fast 90 Prozent der Inselbewohner für den Verbleib bei Deutschland, der Rest für Dänemark. Um eine deutsche Verbindung zur Insel nach dem Verlust von Nordschleswig sicherzustellen, wird der Hindenburgdamm errichtet und 1927 eröffnet. Einige Häfen auf der Insel verlieren dadurch ihre Wirtschaftlichkeit.

EMIL NOLDE, HANS ALBERS UND MARLENE DIETRICH

1930 kommt Emil Nolde auf die Insel und malt Bilder vom Meer. Berühmtheiten vom Film wie Hans Albers und Marlene Dietrich bringen Prominentenflair nach Sylt. 1936/37 wird der 13 Kilometer lange Nössedamm im Südosten für den Küstenschutz gebaut. Während des Zweiten Weltkriegs wird Sylt zum Sperrgebiet erklärt, militärische Einrichtungen werden ausgebaut. 1939/40 wird die Insel von den Briten gezielt bombardiert, nach Kriegsende richten diese als Besazungsmacht das Land Schleswig-Holstein ein, zu dem Sylt gehört.

Kunst trifft Westerland. Der erste Blick eines jeden Neuankömmlings fällt auf die Skulpturen vor dem Bahnhof.

AUTOVERLADESTATION DER BAHN

Ab 1950 nimmt die Deutsche Bundesbahn die Autoverladestation Niebüll in Betrieb. Die Nordseeinsel kommt wieder in Fahrt.

In den 60ern und 70ern avanciert Sylt zum Mekka der Schönen und Reichen. Gunter Sachs und Gattin Brigitte Bardot werden auf der Insel samt Partyvolk heimisch. 1970 stellt die Inselbahn ihren Betrieb ein.

Im Jahr 1969 wird die wohl größte architektonische Fehlplanung in Westerland begonnen. Das mehrstöckige Appartmenthaus »Metropol« wird zum Schrecken der Sylter errichtet. Noch heute ist es der »Schandfleck« der Insel und prägt die Skyline Westerlands nicht zum Vorteil. Ein weiteres Projekt, das 28-stöckige »Atlantis«, wird nach erfolgreichen Bürgerprotesten nicht gebaut.

Mitte der 70er-Jahre hat die Insel mit Errosion zu kämpfen. Strömungen und die wütende Nordsee reiben sich an der Insel und nehmen ihr immer mehr Land weg. Sand muss aufgespült werden, die Küsten werden durch Buhnen geschützt. Diese Maßnahmen wirken jedoch nur auf Zeit.

UNESCO-WELTNATURERBE

1985 wird der 2.850 Quadratkilometer große »Nationalpark Schleswig-Holsteini-sches Wattenmeer« eingerichtet. 1999 wird die Fläche auf 4.400 Quadratkilometer erweitert.

Dem Seehundsterben 1988 fallen fast 60 Prozent der Tiere zum Opfer. 2002 verenden erneut über 10.000 Tiere.

1992 wird im Rahmen der Umstrukturierung der Bundeswehr der Luft-Boden-Schießplatz bei List geschlossen. 2007 verlässt auch der letzte Soldat die Insel.

2009 wird das Wattenmeer an der deutschen, niederländischen und dänischen Nordseeküste zum Weltnaturerbe der UNESCO ernannt.

DAS WATTENMEER – EINZIGARTIG

Unzählige Muscheln, Schnecken, kleine Krebse und die geheimnisvollen »Small Five« verbergen sich im Sylter Schlick. Eine Wattwanderung im Nationalpark und Weltnaturerbe Wattenmeer ist nicht nur im Urlaub ein ganz besonderes Ereignis. Wetterfeste Kleidung? Kommt darauf an. Gummistiefel? Können, müssen aber nicht sein. Ein professioneller Wattführer? Auf jeden Fall. Das war es dann auch schon mit den Vorbereitungen.

Auf der Suche nach Muscheln, Krebsen und Wattwürmern: Der graubraune, feinsandige Meeresboden beherbergt viel mehr Lebensformen, als der erste Eindruck zulässt. Auf nur einem Quadratmeter leben bis zu zwei Millionen Organismen. Rund

Das Wattenmeer an der west-, ost- und nordfriesischen Küste ist seit 2009 UNESCO-Weltnaturerbe.
Foto: ©Sylt Marketing, Vera Müller

Ein besonderes Naturschauspiel sind Ebbe und Flut.
Ist das Wasser weg, zeigt sich ein einzigartiger Lebensraum.

10.000 Arten wie Einzeller, Pilze, Tiere und Pflanzen haben sich dem Lebensraum Watt perfekt angepasst, und so wandert das Leben vom Meeresboden bis in den Himmel: als Nahrungsgrundlage für Millionen Watt- und Seevögel.

Also Hosenbeine hochkrempeln und den Schlick genießen. Die erfahrenen Sylter Wattführer kennen das UNESCO-Weltna-

WARNUNG

Bitte machen Sie keine Wanderungen ins Watt ohne fachkundige Führer. Die Gefahren des Wattenmeers werden häufig unterschätzt. Kommt das Wasser nach der Ebbe zurück, laufen zuerst die kleinen Bäche (Priele) voll und schneiden den Rückweg zum Festland ab. Gerettete berichten davon, dass sie in solchen Fällen mit dem Leben abgeschlossen haben.

turerbe und die besten Wege über den Meeresboden, die stets vorbeiführen an den bekannten »Sandspaghettihaufen«. Deren Bauherren stehen im Mittelpunkt einer besonderen Führung für Kinder, Jugendliche und Erwachsene. Bei der Tour »Dem Wattwurm auf der Spur« klären Mitarbeiter der Hörnumer Schutzstation Wattenmeer solche Fragen: Wie verstecken sich die Wattbewohner vor Fressfeinden? Wie entsteht eigentlich eine Salzwiese? Was sind Pfeifenenten, was ist Farbstreifensandwatt?

Auch junge Mitarbeiter des Naturschutzzentrums Braderup im Freiwilligen Ökologischen Jahr führen regelmäßig mit großem Elan durch das Sylter Watt. Beispielsweise im Rahmen einer Wattrandführung, die vor allem für Kinder geeignet ist, aber auch ihren Eltern reichlich Neues bietet. Denn nicht alle Bewohner des Wattenmeers sind so leicht zu entdecken wie der Wattwurm. Schlickkrebse und Bäumchenrohrwürmer werden nun erst auf den zweiten Blick sichtbar.

Ob im Sandwatt vor List, Kampen und Hörnum oder im Schlickwatt vor Keitum – die Möglichkeiten einer geführten Wattwanderung sind vielfältig. Zumeist begeben sich die Teilnehmer auf die Suche nach den sogenannten Small Five: Strandkrabbe, Wattwurm, Nordseegarnele, Wattschnecke und Herzmuschel. Genießer schlüpfen in ihre Gummistiefel, stapfen quer durch die Lister Blidselbucht in das Zuchtgebiet der berühmten Auster »Sylter Royal« und erfahren Wissenswertes über die Zuchterfolge dieser kulinarischen Köstlichkeit.

Auch die Naturschutzgemeinschaft Sylt, der Heimatverein »Söl'ring Foriining«, der Fremdenverkehrsverein Westerland und viele Gästeführer bieten geführte Touren ins Watt – mit eigenen Schwerpunkten, eigenen Anekdoten, eigenen Geschichten. Stets jedoch mit Fachwissen und dem Gefühl für eine Landschaft, die bereits seit 1985 höchsten Schutzstatus genießt und seit 2009 UNESCO-Weltnaturerbe ist.

Eine aktuelle Übersicht aller Wattwanderungen und Informationsveranstaltungen rund um das Wattenmeer, die Broschüre »Sylter Gästeführer« und den Gezeitenflyer gibt es auf www.sylt.de.

Zweimal am Tag zieht sich das Wasser vom Meeresboden
zurück und gibt eine spezielle Tierwelt frei.
Foto: ©Sylt Marketing GmbH

Bei unbeschwerten Spaziergängen am Strand ahnt man nichts von der
mystischen Vergangenheit der Nordseeinsel.

HEXEN, ZWERGE UND MEERJUNGFRAUEN

Auch wenn Sylter, Urlauber und Gäste unbeschwert am Strand entlangspazieren, um
die nordfriesische Insel ranken sich viele Gerüchte und Geschichten. Hexen, Zwerge
und Meerjungfrauen spuken auf der Insel und in den Köpfen alter Sylter. Es geht
um Seeräuber, verborgene Schätze und mystische Dinge, die auf der Insel passiert
sein sollen. Hinter vorgehaltener Hand werden diese Anekdoten und Sagen weiter-
getragen. Eine Insel, auf der sich einst Seeräuber verschanzten, ist prädestiniert für
derartigen Mummenschanz. Oder vielleicht sind es nur Geschichten, die man sich
an kalten Winterabenden am wärmenden Ofen erzählt? Ist tatsächlich etwas dran?
Wenn Sie Hexen tanzen sehen wollen, so ist der Budersanddberg die erste Adresse.
Hörnums höchste Düne ist ein beliebter Landeplatz für heimische Hexen, sagt man.
In frühen Jahren sollen sie bei Mondscheinnächten Seeräuber zum Tanz aufgefordert
haben. Ob auch der berühmteste unter ihnen dabei war, Klaus Störtebeker, ist nicht
überliefert. Sylt bietet das richtige Umfeld für derartige Geschichten. Sagen lieferten
Erklärungen für viele Phänomene und warnten die Einwohner gar vor heraufziehende

Komische Sachen sollen sich auf Sylt ereignet haben.
Seeräuber versteckten sich und ihre Beute auf der Insel.
Das berühmte Rote Kliff bei Kampen.
Das Meer nagt unaufhörlich an dem Eiland.

Unwetter. Am Morsumer Kliff etwa finden sich rote Gesteinsbrocken, die wie Gefäße aussehen. Sie werden im Volksmund auch »Hexenschüsselchen« genannt. Die Sammlerstücke sind in Wirklichkeit über Jahrhunderte enstandene Gesteinsverkrustungen. Doch die Hexengeschichte klingt ja viel schöner und schauriger. Von den Steinen, aus denen die Keitumer Kirche gebaut wurde, nehmen sich dagegen viele in Acht. Beim Bau soll die Prophezeiung ausgesprochen worden sein, die Glocke werde eines Tages zu Boden stürzen und einen jungen Mann töten. Später werde sogar die ganze Kirche in sich zusammenfallen und die schönste Sylter Jungfrau unter sich begraben. Tatsächlich stürzte die schwere Glocke am zweiten Weihnachtstag 1739 herunter und begrub einen jungen Mann. Sylter Mädchen machen seitdem einen großen Bogen um das Bauwerk.

Die bekannteste Sage allerdings rankt um den Freiheitskämpfer »Pidder Lüng«, der wütend ausruft: »Lewwer duad üs Slaav!« – Lieber tot als Sklave! Eines Abends bekommt er zum Abendessen Besuch von einem dänischen Steuereintreiber. Als der in den Topf mit frischem Grünkohl spuckt, wird es Pidder Lüng zu bunt. Er drückt das Gesicht des Finanzbeamten in den Kohl, bis der erstickt. Pidder Lüng muss fliehen, wird Seeräuber und findet später sein Ende auf dem Galgenhügel bei Munkmarsch. Seitdem sind Sylter von der Steuer befreit. In den Buchläden der Insel findet man zahlreiche Bücher mit diesen und ähnlichen Geschichten – sie sind nicht nur etwas für kalte Winterabende.

FAMILIENURLAUB IN DEN SOMMERFERIEN

Endlich Ferien – also ab auf die Insel. Für ein Wochenende oder länger, völlig egal. Was gibt es Schöneres für Kinder, als den ganzen Tag am Strand herumzutoben? Der Strand von Sylt ist satte 40 Kilometer lang – der beste Sandkasten, den man sich denken kann. Viel Platz für Sandburgen-Bauvorhaben. Für echte Abenteuer wagen sich Familien ins Watt oder auf die Nordsee zu größeren Erkundungen. Familienurlaub auf Sylt – alles andere ist Alltag.

HIER EIN PAAR IDEEN

Ein Familienurlaub ist dann am schönsten, wenn die Kinder glücklich sind und auch die Eltern ein paar Stunden Ruhe haben. Auf Sylt sorgen dafür nicht nur der lange Sandstrand und die Nordseewellen. Wem die Nordsee zu kalt ist, der geht in die »Sylter Welle«, schlittert über die 45 Meter lange Wasserrutsche oder erlebt Abenteuer auf dem Wikingerschiff. Oder man steigt auf das Fahrrad und düst über die Mini-Cross-Bahn in Braderup. Aber es gibt noch sehr viel mehr zu sehen und zu erleben.

Zum Wattwurm: Eine Wattwanderung ist eigentlich Pflicht während eines Sylt-Urlaubs. Neben der frischen Nordseeluft und den unzähligen Dingen, die es im Watt zu entdecken gibt, macht es einfach nur Spaß, mit Gummistiefeln durch den Schlick zu matschen. Ganz nebenbei erfährt man, warum Quallen nützlich sind und was Wattwürmer eigentlich im Winter machen. Echte Küstenkenner, wie etwa die von der Schutzstation Wattenmeer, bereiten die schwarzgraue Weite des Watts bewusst kindgerecht auf und machen in Meerwasseraquarien gleich noch den Blick in die Tiefen der See möglich.

Besonders der Strand ist für Kinder ein Paradies.

Raubtiere: Auch an einem Regentag hat die Schutzstation Wattenmeer einiges zu bieten. Gegen eine kleine Spende kann man im Mitmachmuseum locker eineinhalb Stunden mit den Kleinen verbringen und Krabben im Meerwasserbecken streicheln, Pappheringe mit der Magnetangel fischen, kuriose Fundstücke vom Strand befüllen oder bei der Fütterung der Raubtiere im Aquarium zusehen. Als Andenken empfehlen sich der Nordsee-Rätselblock inklusive Puzzle zum Ausschneiden, Muschelbilder zum Anmalen und Postkarten mit Monsterfischen für die Lieben daheim.

INSELZIRKUS UND PIRATENFAHRT

Im »InselCirkus« in Wenningstedt können die Kleinen zeigen, was in ihnen steckt. Jeden Montag im Juli und August beginnt das einwöchige Training, dessen Abschluss die große Zirkusgala vor Eltern, Geschwistern und Freunden ist. Schon Kinder ab drei Jahren können im »FlohCirkus« toben, tanzen und trainieren. Die Kinder des »MitmachCirkus« (ab sechs Jahren) probieren unter Anleitung 14 verschie-

dene Zirkusdisziplinen aus, und die »YoungStars« (ab elf Jahren) führen am Ende sogar eine eigene Varieté-Nummer auf. Spannend geht es auch in der Mignon-Schauspielschule zu. Film- und Stuntworkshops bieten Jugendlichen die Gelegenheit, einen echten Krimi zu drehen – als Star vor und auch hinter der Kamera. Auf Wunsch können Kinder echte Zirkusluft schnuppern in einem Zirkuswagen übernachten.

Auf **Piratenfahrt** gehen große und kleine Seeräuber in List an Bord, um die Meere unsicher zu machen. Ausbildungsschiff

Mit dem Kutter auf Piratenfahrt. Ein Höhepunkt für große und kleine Seeräuber.

Neptun, Wikinger und Piraten – alle haben auf Kinder eine magische Anziehungskraft. Sie dürfen auf einer Insel nicht fehlen.

für die Berufsgruppe der Freibeuter ist die GRET PALUCCA. Bis Oktober heißt es mehrmals in der Woche im Lister Hafen: »Auf zur Kaperfahrt!« Stilecht gekleidet, unerschrocken Piratenlieder singend und Säbel zückend werden andere Schiffe geentert und Schätze gesucht.

Elternfreie Zone: Apropos Piraten – Pippi Langstrumpf könnte es nicht besser planen: Montag ist Wikingertag, am Mittwoch steht die Piratenausbildung auf dem Plan und am Donnerstag ein Geheimagenten-Crashkurs. Und zwischendurch können

Auch die Besichtung eines Leuchtturms darf nicht fehlen.

Kinder im Alter von drei bis 13 Jahren toben, spielen und schnell neue Freunde finden. Denn in der »Villa Kunterbunt« in Westerland spielen Kinder auch ohne ihre Eltern. Unter fachkundiger Aufsicht wird gebastelt, geturnt, gemalt und gefeiert. Sehr zu empfehlen, wenn das Wetter einmal nicht zum Baden am Strand einlädt (»Villa Kunterbunt« an der Promenade in Westerland, montags bis freitags).

Das Kinder- und Jugendprogramm des **»Erlebniszentrums Naturgewalten Sylt«** in List kann sich sehen lassen. Wissenschaft zum Anfassen – fachkundige Mitarbeiter erklären den Kleinen, was Inselschutz bedeutet oder was der Coriolis-Effekt ist. Vorgeführt werden Filme an Wissenschaftsterminals mit eigener Kinderhörspur.

Im Hafen von List gibt es für junge und ältere Inselbesucher eine Menge zu sehen und zu erleben.

Das **Aquarium in Westerland** ist auch ein schönes Ausflugsziel, wenn die Wolken die Sonne verdecken. Über 2.000 verschiedene Lebewesen können in 25 Meerwasserbecken auf Kindernasenhöhe bewundert werden. Schauführungen sind genauso spannend wie der Gang durch den Unterwassertunnel, wo Rambo – ein stattlicher Zitronenhai – und andere bunte Tropenfische über den Köpfen der Besucher treiben.

In Kampen hat der **Kampino Kinderclub** eine elternfreie Zone vom Feinsten geschaffen. In den Sommermonaten dient ein eigener Kampino-Strandwagen als kunterbunte Basisstation für sandige Abenteuer und fröhliche Beachwettbewerbe. In List begrüßt das kleine **Seepferdchen Listi** seine Freunde mit der »Kids-Card« und dem Bonus-Heft, die viele kleine Geschenke sichern. Und die kann man ganz wunderbar in der Schutzschublade der Kinderstrandkörbe verstecken, die am Lister Ost- und Weststrand angemietet werden können.

»Seehund in Sicht«: Während der Fahrten mit den Adler-Schiffen zu den Seehundbänken vor List und Hörnum geben die Seemänner an Bord beim Seetierfang Einblick in das Leben der Nordsee. Je nach Ausbeute können Seesterne, Einsiedlerkrebse, Schnecken, Muscheln oder Seeskorpione bestaunt werden. Infos unter www.adler-schiffe.de.

Jedes Jahr stellen die Sylter Kurverwaltungen und Tourismus-Zentren zudem ein Sommerferienprogramm für Kinder, Jugendliche und die ganze Familie zusammen. Weitere Infos sind auf der Internetseite www.sylt.de zu bekommen.

DIE ORTE

WESTERLAND

(Westerlön)

PULSIERENDES INSELLEBEN

Westerland ist die Inselmetropole mit unbegrenzten Möglichkeiten. Die Stadt am Meer ist nicht nur die geografische Mitte – ihr Herz schlägt Tag und Nacht. Westerland vereint Livestyle und Tradition, ist Gastgeber internationaler Sportereignisse sowie Ausrichter kultureller und kulinarischer Festivals. Nordseeleichte Lebenlust lässt sich im Strandkorb oder am »Fun Beach« ebenso genießen wie beim ausgedehnten Einkaufsbummel oder bei angenehmen Stunden in den zahlreichen Restaurants. Urlaubsfreuden gibt es hier für jeden Geschmack. Im **Aquarium** den Haien gefahrlos

eine lange Nase zeigen oder sich im Freizeitbad »**Sylter Welle**« bei jedem Wetter in die Brandung werfen – mit freiem Blick auf die Nordsee. Die zentrale Lage macht Westerland außerdem zu einem idealen Ausgangspunkt für Inselentdeckungen.

Freizeitbad »Sylter Welle«.

ETWAS FÜR REGENTAGE

Der trendige Ort ist seit 2009 ein Ortsteil der Gemeinde Sylt und zählt gut 9.000 Einwohner. Fast die Hälfte aller Bewohner der Insel wohnen hier. Architektonisch sicherlich nicht das Schönste auf der Insel. Häuser und Straßen sind weniger schmuckvoll als in den anderen Orten. Die »hässliche Schönheit« Westerlands ist immer wieder Zankapfel. Verkehrschaos,

Foto: ©Sylt Marketing

Bausünden oder Massentourismus – doch jeder hat den Ort auf seine Weise lieb. In erster Linie wohl die Partygäste und Shoppingfreunde, die hier aus dem Vollen schöpfen können. Wer es etwas bescheidener, ruhiger und aufgeräumter haben möchte, macht Urlaub in Keitum oder List. Doch bei schlechtem Wetter bietet Westerland eine ganze Menge, damit den Kindern nicht langweilig wird, wenn es am Strand nicht auszuhalten ist. Ist das Wetter jedoch traumhaft, wird der Strand von Westerland zum Dreh- und Angelpunkt. Die zwei Kilometer lange **Strandpromenade** lädt zum Bummeln ein. Hier findet jährlich der Surf-Weltcup statt, hier feiern Hunderte den Jahreswechsel, hier liegen im Sommer die Sonnenhungrigen und die, die sehen und gesehen werden wollen, zum Bräunen in der Sonne. Hier ist das Sylt, das viele als das Sylt bezeichnen. Nach einem erholsamen Strandtag geht es abends in die Klubs, Restaurants, Kneipen oder wieder an den Strand zur Beach-Party.

TRAUMHAFT SCHÖNER STRAND

Zutritt zum **Westerländer Strand** hat der, der im Besitz einer gültigen Kur- oder Tageskarte ist. Die Strandwächter am Hauptstrand haben Sitzfleisch. Sie harren bis 20 Uhr aus – länger als sonst auf der Insel. In der Musikmuschel an der Promenade finden mehrmals täglich Konzerte statt. Im Hintergrund die Nordsee und vorn sanfte Klänge zu sommerlichem Wetter – zum Träumen schön.

ST. NIELS UND DIE VERGANGENHEIT.

Wichtigstes Ziel im historischen Zentrum ist die alte protestantische Kirche **St. Niels**. Das 1635 bis 1637 erbaute Gotteshaus ist dem Schutzheiligen der Seefahrer (Nicolaus oder Niels) geweiht. Es birgt einen spätgotischen Schnitzaltar aus der zweiten Hälfte es 15. Jahrhunderts, der wie auch das Kruzifix über dem Chorbogen noch aus der alten Eidumer Kirche stammt. Größte Aufmerksamkeit erregt der bunt bemalte Taufstein aus dem Jahr 1750. Auch die Kanzel bietet einen prächtigen Anblick. Auf dem kleinen Friedhof ruhen einige berühmte Sylter, darunter Kapitän Dirk Meinerts Hahn (Käpt'n Hahn; 1804–1860), der 1838 ein Schiff mit altlutherischen Auswandern nach Südaustralien brachte. Schräg gegenüber das Grab von Jap Peter Hansen (1767–1855), dem Begründer der nordfriesischen Literatur.

Foto: ©Sylt Marketing

Ausnahmezustand in Westerland: der Windsurf-Weltcup im September.

Das **Sylt-Aquarium** liegt in den Dünen und bietet in den zahlreichen Becken Einblicke in die Unterwasserwelt der Nordsee und die Korallenbänke der Südsee. Kernstück ist der zehn Meter lange und begehbare Tunnel unter dem Becken hindurch. Von hier unten bietet sich ein eindrucksvolles Bild von vorbeiziehenden Haien. Schaufütterungen und Filme zeigen das Leben unter Wasser.

Auf dem **Friedhof der Heimatlosen** liegen die Gebeine von 53 Seefahrern, die am Strand der Insel angeschwemmt wurden. Schmucklose Holzkreuze erinnern mit dem Todesjahr an die Menschen. Die letzte Bestattung fand 1907 statt.

Die **Himmelsleiter** sollte man unbedingt hinaufgehen. Am südlichen Teil des Hauptstrands befindet sich die größte Erhebung in Westerland. 105 Stufen geht es hoch, um in 26 Metern Höhe einen wunderbaren Blick über die Stadt und das Meer zu haben. Auf der Aussichtsplattform geben Schautafeln Interessantes über Flora, Fauna und Geologie preis.

Zum **Windsurf World Cup** Mitte September wird es voll auf der Insel. Tausende Besucher schauen dem Spektakel an der Strandpromenade zu, wenn die begnadetsten Surfer sich feiern lassen und ihre Besten ausfahren. Neben den Profis sieht man auch Surfer aller Leistungsklassen auf dem Kite oder dem Longboard. Auch Segler

Sylt ist das Surfrevier schlechthin.

und Hobie-Cat-Fahrer kämpfen um die begehrten Trophäen. Die allabendlichen Partys sind legendär und bekannt für gute Laune und beste Musik.

Mitte Juni bis September finden am Strand von Westerland zahlreiche **Events und Erlebnisangebote** statt. Sie reichen vom Beachsoccer, Beachvolleyball bis hin zu »Beachminton«, Frisbee und Boccia. Nach Einbruch der Dunkelheit verwandelt sich der Strand in eine Partymeile mit Beach-Partys, Technomusik und gut gelaunten Feierwilligen.

Foto: ©Sylt Marketing

Kunst in der Fußgängerzone:
Die »dicke Wilhelmine« sitzt
seit 1980 in dem Brunnen in der
Wilhelmstraße.

Kunst auch auf den Dächern
in der Fußgängerzone.

»Reisende Riesen im Wind« auf dem
Bahnhofsvorplatz.

LIST

(Die nördliche Spitze der Insel)

DER NÖRDLICHSTE PUNKT DER REPUBLIK

Der kleine Ort List mit 2.500 Einwohnern lebt größtenteils von seinem Hafen, der in den vergangenen Jahren ein Touristenmagnet geworden ist. Skandinavisch anmutende Holzhäuschen und die berühmte »nördlichste Fischbude« wurden zum Markenzeichen des Hafens. In der maritim ausgestatteten Bootshalle finden große Events statt. Die Alte Tonnenhalle lockt mit Läden und Restaurants zum Bummeln und Verweilen.

Im Hafen von List gibt es eine Menge zu erleben.

FOLGE DEM LICHT ZWEIER LEUCHTTÜRME

List ist nicht nur die nördlichste Spitze der Insel. Wer hier steht, der ist tatsächlich am nördlichsten Punkt der Republik angelangt. Fast in Sichtweite ist Dänemark.

Eine Fähre verbindet Sylt mit der Insel Röm. Es gibt aber noch weitere Superlative. Die einzigen **Wanderdünen** Deutschlands dehnen sich hier aus, und nirgendwo werden so viele **Austern** produziert wie hier. Wer wissen möchte, wie schnell Wanderdünen wandern oder wie die Mee-

resvögel einen Orkan überleben, der ist im benachbarten »**Erlebniszentrum Naturgewalten Sylt**« bestens aufgehoben. Wer die Ruhe einsamer Strände erleben will, der folgt dem Licht zweier Leuchttürme. Sie führen an den Ellenbogen, den zu umrunden sportliche Herausforderung und landschaftliches Erlebnis zugleich ist.

Eine besondere Attraktion, gerade für kleine List-Besucher, sind die Fahrten mit den **Ausflugsdampfern** zu den Seehundbänken zwischen Sylt und Amrum, oder sie zeigen den Gästen die Schönheit des Wattenmeers von der Reeling aus. Für Kinder ist sicherlich ein Ausflug mit dem Fischkutter GRET PALUCCA der Höhepunkt eines Sylt-Besuchs. Auf dem Schiff werden kleine Landratten zu

Der Kutter unternimmt
mehrmals am
Tag Ausflugsfahrten.

richtigen Piraten und stechen zu ihren Beutezügen rund um
List in See. Die mitreisenden »Verwachsenen« sind eher
Darsteller als Freibeuter und dürfen an Bord nur niedrige
Dienste erledigen. Herr auf dem Schiff sind die Kleinen.
Sie sind direkt Kapitän Ronaldo und Schiffsfaktotum Pe-
ter unterstellt, die den angehenden Störtebekers Seebeine
wachsen lassen. Am Ende der Fahrt bekommen sie mit
dem Piratenpatent die Befähigung, eigenständig in See zu
stechen und in ihrem persönlichen Seegebiet für Furcht und Schrecken zu sorgen.
Ein Spaß für die ganze Familie. Erwachsene können hingegen auf dem Kutter hei-
raten – ganz ohne Piraten, harte Decksarbeit und Seekrankheit. Unzählige Ehen hat
Kapitän Ronaldo bereits geschlossen. Ein Großteil davon hat bis heute noch Bestand.

VOM FISCHBRÖTCHEN ZUM MILLIONÄR

Die Buden und Geschäfte rund um den Hafen locken die Touristen. In der Alten
Tonnenhalle sind ebenfalls Läden und Stände. Bekleidung, Andenken und eine
Vielzahl von Nautiquitäten bieten die Händler feil. Man möchte jedoch annehmen,
dass **Fischhändler Jürgen Gosch** den Platz am Hafen in seiner Hand hat. In den
1970er-Jahren begann der gelernte Maurer damit, am Lister Hafen Fischbrötchen
zu verkaufen. Dami0t legte er den Grundstein für sein heutiges Imperium. Mit dem
Krabbenbrötchen zum Millionär könnte seine Erfolgsgeschichte heißen. Auch heute
steht der 1941 geborene »Jönne« hinter dem Tresen in List und kümmert sich um
seine Gäste. Er hat es geschafft, das Fischbrötchen gesellschaftsfähig zu machen.

Auch die Seenotretter haben hier ihre Station. Sie sind Tag und Nacht in Bereitschaft, um bei Notfällen auf See schnell zu retten.

In List begründete Jürgen Gosch 1973 sein Fischimbiss-Imperium. An zahlreichen Buden und Ständen gibt es alles, was das Herz begehrt: kulinarische Genüsse, Andenken, Nippes und Begehrenswertes.

Heute trifft man sich allerorts an den Stehtischen und knabbert seine Hummerschwänze, Krabben und anderen Krustentiere – mit Schampus oder Flaschenbier.

FISCH VOM EIGENEN KUTTER

Gleich daneben, etwas kleiner und gediegener, ist **Krabben-Paul** zu finden. Das Lister Original Paul Walter ist Sylts einziger Krabbenfischer, der noch mit eigenem Schiff Jagd auf die Garnelen macht. Frischer kann man den Granat nicht bekommen. Wer es etwas sportlicher mag, wird den **Surfstrand** dem Getümmel am Hafen vorziehen. Zwar liegt er an der Wattseite, doch bei Hochwasser ist auch hier das Surfen möglich. Bei Ebbe haben Sportler Pause oder Zeit zum Wattwandern. Ein Besuch im »**Erlebniszentrum Naturgewalten Sylt**« ist genauso wichtig wie die Küstenspezialitäten bei Gosch. Eindrucksvoll wird dort dem staunenden Publikum die Kraft des Meeres demonstriert, welche Auswirkungen die Klimaerwärmung hat und aus welchem Grund der Lebensraum vor der deutschen Küste so lebens- und erhaltungswürdig ist. Es gibt einen Wellenkanal, der sich von den Besuchern

Krabben: der Genuss schlechthin. Auch im Lister Hafen gibt es die Krustentiere frisch vom Kutter.

steuern lässt, und eine begehbare Karte von Sylt. Der Besuch hier ist ein Muss, um die urwüchsige Landschaft mit dem teils rauen Klima verstehen zu können. Für Kinder, Gruppen und Jugendliche gibt es spezielle Programme.
Gleich nebenan befindet sich die **Wattenmeerstation**, in deren Labors die Wissenschaftler des Alfred-Wegener-Instituts für Polar und Meeresforschung die Grundlagen

Der Hafen von List ist Anziehungspunkt für die Touristen.

des Lebensraums Wattenmeer erkunden und ihre Studien darüber erarbeiten, wie besonders und wichtig die Mikroökologie an der Küste ist. Zum Institut gehört auch das Forschungsschiff POLARSTERN. Es ist das ganze Jahr hindurch auf Forschungsfahrt und wird eher selten am Sylter Horizont gesichtet.

Etwas vom Hafen entfernt liegt die **Dorfkirche St. Jürgen**. Gemunkelt wird, ob sie Fischbrötchenkönig Jürgen Gosch gewidmet ist. In Wahrheit ist das Gotteshaus bereits 1935 für die stationierten Soldaten gebaut worden. List war über viele Jahre Militärstandort. Die Kirche ist eine der wenigen, die während der NS-Zeit errichtet wurden. Sie steht unter Denkmalschutz.

Nicht nur auf der Insel, sondern an der ganzen Nordseeküste sind Sylts Spezialitäten bekannt. Zweifellos gehören dazu auch die Austern aus **Dittmeyer's Austern Compagnie**, die in den 1980er-Jahren die Zucht der bis dahin fast ausgestorbenen Sylter Austern aufnahm und in der Blidselbucht eine im Pazifik heimische Austernart ansiedelte. Heute werden von Deutschlands einziger Austernzucht mehr als eine Million der **»Sylter Royal«** mit dem einzigartig nussig-salzigen Geschmack geerntet und in alle Welt verschickt. Am besten schmecken sie jedoch im eigenen Restaurant »Austernmeyer« frisch auf den Tisch.

DEUTSCHLANDS EINZIGE WANDERDÜNEN

Um List herum sollten Sie sich das **Listland** etwas genauer ansehen. Denn hier bewegen sich die einzigen Wanderdünen an Deutschlands Küste. In dem 1284 Hektar großen Naturschutzgebiet treibt der Wind den feinen Sand mit etwa vier Metern pro Jahr Richtung Osten, wo der Sand sich zu monströsen Bergen auftürmt. Mit bis zu 37 Meter Höhe sind die Sandberge mit den Namen »Sütterknoll« und »Jensmettenberg« entstanden. Zwar ist Besuchern das Betreten der Dünen streng verboten, doch entlang der Listlandstraße ergeben sich eindrucksvolle Bilder dieser einzigartigen Landschaft.

Am Ende der Insel markiert eine kleine Mautstation den sogenannten Ellenbogen. Auf der Privatstraße gelangt man zum nördlichsten Zipfel der Republik. Der Nehrungsarm erinnert an einen angewinkelten Arm. Dort steht auch der nördlichste Leuchtturm Deutschlands. »List-West« ist leider nicht zugänglich, zeigt aber der Schifffahrt vor der Insel immer noch den rechten Weg. Etwas unterhalb in östlicher Richtung liegt am Ellenbogen auch Leuchtturm »List-Ost«. Das Seegebiet um List ist wegen seiner Strömungen gefährlich zu navigieren. Der Strand dort ist breit, feinsandig und sollte bei einem Sylt-Besuch nicht fehlen. Wer kann schon behaupten, am Ende der Republik gewesen zu sein?

IST SYLT NOCH ZU RETTEN?

Windböen krallen sich ans Rote Kliff bei Kampen. Die Nordsee zeigt sich von ihrer hässlichsten Seite. Die Wellen krachen auf den Strand. Bei jedem Rückzug ziehen sie Sand hinter sich her. Jährlich sind es eine Million Kubikmeter, die sich das Meer von der Insel wiederholt. Was das Meer einst gab, nimmt es nun wieder weg. Eigentlich ist Sylt der größte Wellenbrecher für das Festland der Schleswig-Holsteinischen Küste. Doch wer schützt die Insel? Sie ist Wetter, Wind und Wellen ausgesetzt. Und die machen der Nordseeinsel seit Jahrhunderten zu schaffen.

Würden die Massen von Sand nicht jährlich wieder aufgespült, wäre Sylt schon lange nicht mehr da. Besonders vor Westerland und Kampen, kurz vor dem Ellenbogen bei List und unten in Hörnum trifft die Wucht der Nordsee besonders schlimm den Strand. Die Brandung trägt an manchen Stellen jährlich bis zu vier Meter Sand ab. Es gibt nur wenige Stellen an der norddeutschen Küste, wo das Meer mit so großer Gewalt auftrifft wie auf Sylt. Die Sandaufspülungen haben sich als wirksamste Methode zur Stabilisierung der Küste herausgestellt.

Ekkehard Klatt ist Geologe und bietet auf Sylt Führungen an. Seit über 50 Jahren beobachtet er seine Insel und wird oft gefragt, ob Sylt noch zu retten sei. Der Wissenschaftler vermutet, dass es bis zum Ende dieses Jahrhunderts geringfügige

Änderungen an der Küstenlinie geben wird. Ohne Schutz würde die Insel pro Jahr ein bis zwei Meter verlieren, sagt er. Durch die Sandvorspülungen kann der Inselverlust gebremst werden. »So gewappnet bleibt die Insel noch in ein paar Jahrhunderten ungeteilt«, sagt Klatt.

Im »Erlebniszentrum Naturgewalten Sylt« ist die Szenerie an der Küste nachempfunden: Geräusche von tosenden Brechern, die an die Küste schlagen: laut, beängstigend, brausend und dunkel. Das alles ist auf ein Modell reduziert und soll den staunenden Besuchern zeigen, wie wertvoll und wichtig Küstenschutz ist. Per Knopfdruck wird erklärt, was passiert, wenn der Meeresspiegel weiter steigt.

Weitere Infos zu diesem Thema: »Erlebniszentrum Naturgewalten Sylt« unter www.naturgewalten-sylt und Geologe Ekkehard Klatt unter www.geotoursylt.de

Die Westküste der Insel ist besonders gefährdet, wenn Wind und Wellen an ihr nagen.

KAMPEN
(Kaamp)

SYLTS FEINE ADRESSE

Kampen verbindet mit leichter Hand
Tradition und Moderne, vereint unter
seinen Reetdächern Musik und Literatur, Kunst und Mode und verführt mit
grandiosen Naturschauspielen: unvergleichlich der Anblick, wenn die untergehende Sonne das Rote Kliff in golde-
nes Licht taucht. Der »Uwe-Düne«, mit
gut 52 Metern die höchste Erhebung der
Insel, liegt Kampen zu Füßen. Von hier
aus hat man nicht nur den schwarz-weiß
gestreiften Leuchtturm und das kleine
Quermarkenfeuer im Blick, sondern
auch den Golfplatz und das angrenzen-
de Wattenmeer, die ruhigen Weiten der
Heide und die feinen Sandstrände auf
der Westseite mit der rauen Nordsee-
brandung.

Der Kampener Kunstpfad berichtet auf Schautafeln
über berühmte Schriftsteller, Maler und Autoren
in dem Ort.

35.000 URLAUBER PRO JAHR

Kampen lebt aber auch vom Flair seiner Urlaubsgäste, den Geschichten und Ge-
schichtchen, die sich um die Reichen, Berühmten und Schönen ranken. Sie geben
dem Ort immer noch diesen besonderen Touch, jene Aura von Exklusivität und
Schickeria, für die er weltweit bekannt ist und geliebt wird.
Heute verbringen jedes Jahr rund 35.000 Gäste ihre freie Zeit in Kampen, wobei
im Ort nur 600 Einheimische leben. Hinzukommen nochmal so viele Zweithaus-
besitzer. Sie alle sind gebunden an das 1913 erlassene Ortsstatut, nach dem alle
Häuser nur im traditionellen Friesenhausstil – mit rotem Backstein, Reetdach und
mindestens 24 Meter Abstand zum Nachbarn – erbaut werden dürfen. Zahllose
Prominente, Sportler, Schauspieler, Sternchen, Moderatoren oder Industrielle
residieren hier.

Einer der Leuchttürme der Insel steht in Karnpen.

Kampen gehört zu den schönsten Orten auf der Insel. Hier lässt es sich teuer leben und shoppen. Aber auch kulturhistorisch hat der kleine Ort eine Menge zu bieten.

Am Weststrand und im Ort selbst zeigt man sich gerne und das, was gut und teuer ist. Alle möglichen Designer haben hier ihre Boutiquen. In den Bars am **Strönwai, auch Whisky-Meile** genannt, wird die Nacht zum Tage und umgekehrt. Wer zur Gesellschaft dazugehört oder gehören will, parkt hier

seinen Luxusschlitten und geht ins »Gogärtchen« oder ins »Pony«, wo ein Glas Cola schon mal den Gegenwert eines Mittagsmenüs kostet.

Häuser mit Reetdächern erinnern an de alten Friesenhäuser früherer Jahre.
In Kampen ist der Luxus zu Hause.

MEHR ALS NUR SCHICKIMICKI

Kampen hat allerdings viel mehr zu bieten als das. Hier ist die **Kunst** zu Hause. Zahllose Intellektuelle, Schriftsteller, Journalisten und bildende Künstler fanden und finden hier ihren Ruhepol, um kreativ zu sein. Die Liste derer ist lang, die hier ihre Zeit verbrachten: die Maler Emil Nolde und Siegward Sprotte, der Schriftsteller Ernst von Salomon, die Verleger Ferdinand Avenarius, Axel Springer und Peter Suhrkamp, sogar die Journalistin und RAF-Terroristin Ulrike Meinhof. Geführte Spaziergänge durch den Orte bringen Interessierte zu den Häusern der Berühmtheiten, die es sich anzusehen lohnt – jedenfalls von außen. Der **Klenderhof** mit dem markanten Rundturm wurde von Max Baldner (Cellist) erbaut. Auch Axel Springer wohnte hier. Das **Kamp-Huus** ist nicht nur die Tourismus-Zentrale des Ortes. Anlässlich des Kampener Literatur- und Musiksommers treffen sich hier Künstler und Musiker von Juni bis September. Im Hoboken-Haus wohnte einst Verleger Peter Suhrkamp. Seine Ehefrau war vor ihm mit dem niederländischen Musikwissenschaftler Anthony von Hoboken verheiratet. Suhrkamps Gäste waren berühmte Autoren wie Max Frisch,

Ernst Penzoldt und Carl Zuckmayer. Axel Springer kaufte später auch dieses Gebäude.

WEG VOM JETSET

Neben dem Jetset ist Kampen wegen seiner Natur ein Schmuckstück. Die »**Uwe-Düne**« beeindruckt mit einem weitreichenden Blick über die Insel. Eine Holztreppe führt auf den 52 Meter hohen Ausguck, von dem jährlich 100.000 Gäste einen Blick über Flora, Fauna und die Nordsee wagen.

Ein paar Meter weiter liegt das Rote Kliff, eine gewaltige Abbruchkante, die sich besonders in der Abendsonne rot färbt und ein großartiges Bild abgibt. Aus 30 Meter Höhe haben Sie einen weiten Blick über den Strand und die Nordsee. Ein Naturschauspiel zu jeder Tageszeit, ob Sommer oder Winter. Ein paar Meter entfernt sollten Sie Ihren Tee in der »Sturmhaube« nehmen. Von hier haben Sie eine tolle Aussicht über die Nordsee. Ebenfalls in der Nähe ist der Weststrand mit einer hölzernen Plattform, einer Art Terrasse, von der Sie auf das Meer und das Rote Kliff blicken können. In der Ferne sehen Sie dann auch die berühmte »**Buhne 16**«. Sie lebt heute noch von ihrem Ruf als sündigster Ort auf der Insel, war einst die »Wohnstube« von Gunter Sachs und Ehefrau Brigitte Bardot.

VOGELFREUNDE

Etwas natürlicher geht es in der »**Kampener Vogelkoje**« zu. Hier werden interessierte Besucher durch das Gelände der historischen Entenfanganlage geführt und die Kulturgeschichte der Vogelkojen und die Besonderheiten der Vogel- und Pflanzenwelt erläutert. In der Saison dienstags um 10 Uhr und donnerstags um 16.30 Uhr.

Die »Uwe-Düne« bietet einen gradiosen Blick.

Traumhaft schöner Strand.

AUF DEM PFAD GROSSER SCHRIFTSTELLER

Vor über 100 Jahren entdeckten Künstler, Literaten, Kulturschaffende und Kunst-
handwerker die inspirierende Ruhe der Sylter Natur für sich. Thomas Mann,
Robert Musil, Hermann Hesse und Emil Nolde – lang ist die Liste derer, die hier der
Badefrische frönten und dabei auch ihre künstlerischen Spuren hinterließen. Die
lassen sich in Kampen sogar erwandern: Auf dem Kunstpfad erinnern Bronzetafeln
an die Berühmtheiten, Visionäre und Künstler des letzten Jahrhunderts. Jährlich
zwischen Juli und September findet der Kampener Literatur- und Musiksommer statt.
Wechselnde Ausstellungen in den Galerien sowie inspirierende Seminare und Kurse
gehören ebenfalls zum vielfältigen kulturellen Angebot Kampens.

Ohne jeden Zweifel holten sich hier große Literaten die Inspiration für ihre Werke: die »Uwe-Düne« in Kampen. Der Künstlerpfad gibt Auskunft über die Literaten und Künstler, die in Kampen residierten (kleines Bild).

Wo große Literaten zwischen endlosem Horizont und heiterer Gastfreundschaft Inspiration fanden, sind Macht und Zauber ihrer Worte auch heute noch lebendig. Bedeutende Schriftsteller, ambintionierte Journalisten, berühmte Verleger und vielversprechende Nachwuchsautoren kamen und kommen seit über 100 Jahren nach Kampen: Peter Suhrkamp, Ferdinand Avenarius, Thomas Mann, Max Frisch und Axel Springer. Sie alle waren da und prägten die literarische Landschaft der Insel. Sie alle suchten und fanden in Kampen das, was sie für ihre Werke benötigten: Kraft, Zauber und die Motivation, ausgetretene Pfade zu verlassen.

Ein Pfad ist nun ihnen gewidmet und sollte ausgiebig betreten werden. Als Wegbegleiter empfiehlt sich das Handbuch des Tourismus-Service Kampen mit Kurzbiografien der Künstler und ihrer Kunst. Geführte Touren bietet die Gästeführerin Silke von Bremen mit ihrem Programm »Die vergessenen Künstler von Kampen« an. Auch Falk Eitner lädt zum Spaziergang entlang der Bronzetafeln ein. Auf dem dreistündigen Gang durch Kampen verbindet der Künstler Thomas Landt Natur und Kultur in seinem Programm. Er verschweißt Landschaft und Kunst mit Kunstgeschichte und dem Dialog

der Gegenwart. Auch das »Kaamp-Hüs« präsentiert regelmäßig wechselnde Ausstellungen von einheimischen und festländischen Künstlern.

HÖRNUM

(Hörnem)

FAMILIENFREUNDLICH UND SONNIG

Ganz gleich aus welcher Himmelsrichtung man kommt – im Sylter Süden sind die Aussichten immer sonnig. Rundum traumhafte Strände und duftende Heckenrosen, alles bewacht vom rot-weißen Leuchtturm, der über Hörnum thronend sein Licht auf die See hinausschickt. Er ist unbedingt einen Aufstieg wert – um in die Sylter Geschichte einzutauchen oder um sich im kleinen Kreis das Jawort zu geben. Ohne Worte indes

das glitzernde Wattenmeer am Oststrand und die tosende Brandung im Westen. Ein Spaziergang um die Südspitze Sylts, die Hörnum-Odde, ist genau das richtige Rezept, um abzuschalten und aufzutanken.

Mehrmals täglich legen im Hafen die Ausflugsschiffe in Richtung Seehundbänke ab. Auch die Halligen und die anderen Nachbarinseln lassen sich vom Hafen per Schiff erreichen. Wer selbst die Hand ans Ruder legen möchte, sollte im Sylter Yachtclub und Catamaran Club nach fahrbaren Untersätzen schauen. Wer lieber den Sport an Land vorzieht, ist auf dem 18-Loch-Golfplatz bestens aufgehoben. Am Rande der Düne »Budersand« bieten sich sportlich als auch optisch

Kunst trifft Strand oder umgekehrt. In Hörnum lässt es sich aushalten.

jede Menge Highlights. Vom höchsten Punkt der Anlage hat man sogar gleichzeitig das Wattenmeer und die Nordsee im Blick.

In frühen Jahren waren es vor allem Fischer, die in dem dünn besiedelten Gebiet wohnten. Unter ihnen auch **Pidder Lüng**, dem Detlev von Liliencron in seiner gleichnamigen Ballade den legendären friesischen Schlachtruf **»Lewwer duad üs Slaav!«** (Lieber tot als Sklave!) in den Mund legt, als der Fischer sich gegen einen verhassten dänischen Steuereintreiber stellt.

WIND UND WELLEN

Die Südspitze der Insel war besonders von der tosenden Nordsee bedroht und berüchtigt als Piratenunterschlupf. Das gefürchtete Seegebiet um Hörnum machte immer wieder Schiffen den Garaus. 1871 sorgte die Deutsche Gesellschaft zur Rettung Schiffbrüchiger (DGzRS) mit einer Station für Abhilfe. Auch heute liegt im Hafen ein Rettungsboot mit Freiwilligen. Im Lister Hafen liegt eine größere Einheit der Retter. Zu diesem Zeitpunkt waren die Sonnenhungrigen und Touristen schon da und genießen seitdem die abwechslungsreiche Natur und die Nähe zur krachenden Westküste und der ruhigeren Wattseite.

Segler und Berufsschiffe
legen im Hafen an.

Strandspaziergang um die Inselspitze, bei klarer Sicht mit
Blick auf die Nachbarinseln Amrum und Föhr.

der 33 Meter hohe Turm erklimmen. Sein Licht trägt über 19 Seemeilen (ca. 35 Kilometer) auf die Nordsee hinaus. Die Besonderheit des Turms: Bis 1930 wurden im dritten Stock die Kinder von Hörnum unterrichtet. Von der Aussichtsplattform sieht man auf eine Reihe von Gestellen, die Firmen nutzen, um ihre Produkte dem rauen Klima und ihrer Haltbarkeit auszusetzen. Einen Blick höher haben Sie einen weiten Blick auf die Nordsee und die Dünenlandschaft von Hörnum. »Klaar Kimming« mit grenzenloser Aussicht.

WILLI WILL ES WISSEN

Hörnums Hafen ist der Anziehungspunkt des Ortes. Quirliges Leben, betriebsamer Schiffsverkehr durch die Seebäderschiffe, die von hier aus zu den Seehundbänken oder den Nachbarinseln starten. Kutter legen an, um ihren Fang zu löschen. Wer

Der Leuchtturm von Hörnum schickt sein Licht zu den Schiffen vor der Insel.

es ganz frisch haben möchte, bekommt die Schollen direkt vom Schiff. Noch einfacher hat es die Kegelrobbe Willi, die mehrfach am Tag aus dem Wasser schaut, ob spendierfreudige Gäste an der Kaimauer stehen, um sie mit frischen Heringen zu versorgen. Die gibt es passenderweise gleich nebenan am Imbissstand zu kaufen. Warum soll man dann noch mühsam auf die Jagd gehen, wenn Heringe frei Haus geliefert wer-

Die Hauptattraktion im Hafen von Hörnum ist die Kegelrobbe Willi. Sie kommt regelmäßig vorbei und lässt sich von den staunenden Gästen mit Heringen verwöhnen.

Von Hörnum starten auch die Ausflugsschiffe zu den Attraktionen
auf dem Wasser.

den? Willi ist die Attraktion im Hafen. Dutzende Besucher staunen nicht schlecht,
wenn die Kulleraugen aus dem Wasser schauen.

ROMAN POLANSKI
WAR SCHON HIER

Etwas luxuriöser geht es im
Hotel »Budersand« zu. Nur
wenige Jahre alt diente es
bereits 2009 als Filmkulisse
für Regisseur Roman Polanski und seinen Politthriller
»Ghostwriter« mit Pierce
Brosnan und Ewan McGregor
in den Hauptrollen. Gleich nebenan ist der Golfplatz.
Markante Punkte des Ortes
sind die Kirchen **St. Thomas**
(evangelisch) und **St. Josef**

(katholisch). Die Evangelen lieben das Gotteshaus für seinen ausgezeichneten Klang bei Orgelkonzerten. St Thomas ist mit zahlreichen Wandmalereien und Buntglasfenstern etwas schmuckvoller.

Naturkundliche Ausführungen erhalten Besucher im Infozentrum der **Schutz-station Wattenmeer**. Die Mitglieder des Vereins schützen das Wattenmeer und betreuen Dünen- und Heidelandschaft der Insel.

Hörnums Strand bietet viel für Sonnenanbeter und Sportler.

RAUBTIER MIT KULLERAUGEN

Mit viel Glück erspäht man Seehunde bei der Überfahrt von Sylt zu den Inseln Föhr oder Amrum. Dann liegen sie bei Ebbe auf den Sandbänken und genießen die Sonne. Wer noch dichter an die Tiere heran möchte, sollte eine der beiden Seehundstationen in Norddeich (Niedersachsen) oder Friedrichskoog (Schleswig-Holstein) besuchen. Die ganz kleinen »Heuler« genießen hier »betreutes Wohnen«. Die Fundtiere sind Waisen. Durch natürliche oder menschliche Ursachen von der Mutter getrennt, lagen sie am Strand und heulten – deshalb der Name. Ohne menschliche Hilfe wäre ihr Schicksal besiegelt. Über 50 Ehrenamtliche halten an den norddeutschen Küsten Ausschau nach den Tieren. In der Aufzuchtstation werden sie neun bis zehn Wochen aufgepäppelt, damit sie genug Fett und Muskulatur aufbauen können. Danach kommen sie wieder zu ihren Artgenossen.

HERING MACHT STARK

Seehundbabys bekommen anfangs täglich sechs Malzeiten aus Spezialmilch. Nach einer Woche wird die Nahrung auf Hering umgestellt. Davon verzehrt ein Jungtier zwei bis drei Kilogramm am Tag.

Interessierte können die Arbeit der Tiefpfleger beobachten. Die seit 1971 bestehende Aufzuchtstation im niedersächsischen Norddeich besuchen jährlich 200.000 Menschen. 30 bis 80 verwaiste Tiere kommen hier in der Genuss der Vollpension. Durch große Panoramafenster kann man die Raubtiere nebst Fütterung hautnah beobachten. Eine weitere Station befindet sich bei Friedrichskoog in Schleswig-Holstein. Dort sind pro Saison etwa 132 Tiere zu bestaunen.

AUFZUCHT UND ENTWICKLUNG

Neben der Aufzucht von Jungtieren kontrollieren die Mitarbeiter der Stationen die Bestände auf den Sandbänken an der gesamten Küste und betreiben Seehundforschung. In Norddeich ist das »Waloseum« der Station angeschlossen. Zu sehen gibt es das Skelett eines 15 Meter langen Pottwals, der vor einigen Jahren an der Insel Norderney gestrandet war. Eine Ausstellung zeigt die Entwicklungsgeschichte dieser Meeresbewohner, die in der Zeit der Dinosaurier begann. In einem Modell wird realistisch die Entstehung von Ebbe und Flut simuliert.

RANTUM

(Raantem)

ZWISCHEN DEN MEEREN

Weit hat man es in Rantum nie bis zum Meer. Nur 600 Meter trennen die Brandung im Westen vom stillen Wattenmeer im Osten. Dazwischen die reetgedeckten Friesenhäuser in den Dünen. Nördlich von Rantum befindet sich das wohl artenreichste Vogelschutzgebiet Deutschlands. Ornithologen aus dem ganzen Bundesgebiet reisen nach Rantum, um die bis zu 180 Vogelarten zu beobachten, die im Rantumbecken brüten oder rasten. Seit 1993 wird aus der »**Sylt Quelle**« reines Mineralwasser gefördert. Der gläserne Trinkpavillon dient als Kunst- und Genusshaus, in dem

nicht nur edle Speisen und eigenes Mineralwasser gereicht werden. Aus der Quelle sprudelt aus bis zu 650 Meter Tiefe das besondere Wässerchen. Dass bei so viel Tiefgang auch kulturelle Höhenflüge möglich sind, ist das Verdienst der »Stiftung kunst:raum sylt quelle«. Neben wechselnden Ausstellungen bereitet das nördlichste Kulturforum Deuschlands hochkarätigen Kabarettisten, Comedians und Musikern die richtige Bühne. Beim legendären Meerkabarett sprudeln zwischen den Abfüllanlagen der Quelle erfrischender Wortwitz und perlende Klangwelten.

Nirgends ist Sylt so schmal wie hier in Rantum. In wenigen Minuten zu Fuß erreichen Sie die **West- und Ostseite**. Wer hier sein Zimmer bucht, braucht nicht mehr als 300 Meter bis zum Wasser. Dass die Häuser wie seinerzeit bei den Sturmfluten von der Insel geholt werden, ist lange her. Auch der feine Dünensand, der früher die Häuser einschloss, wird den Bewohnern nicht mehr zum Verhängnis.

Rantumbecken auf der Ostseite.
Nirgends auf der Insel ist man so schnell am Wasser wie hier.

Der Strand bei Rantum. Die raue Nordsee
und Sonne – ein Traum.

DAS MEER KAM UND NAHM SICH ALLES

Das Nordseebad zählt 560 Einwohner, die in reetgedeckten Häusern wohnen. Der Ort ist beschaulich und ruhig. Wer den Trubel in Westerland oder Kampen nicht wünscht, wird sich hier wohlfühlen. Die reetgedeckte **St.-Peter-Kirche** im Ort bildet mit den vereinzelten Läden den Kern. Auch sie musste bereits viermal dem Meer weichen, das sich den Weg nach Rantum suchte.

Der kleine und beschauliche Hafen liegt hinter dem Gewerbegebiet und ist Sylts jüngster Hafen. Neben den Freizeitskippern kommen hier auch einige Muschelfischer her, um ihren Fang zu löschen. Viel Hafenaktivität gibt es hier nicht, dafür ist es schön ruhig, und der kleine Imbiss lädt zur Rast ein, auch für die Nutzer der **Fahrradlinie**. Anlaufstelle also für eine kleine Pause. Mit dem Blick auf das Wattenmeer wird man verwöhnt. Wer ein Migbringsel der besonderen Art sucht, wird fündig werden: Die berühmten **Sylter Strandkörbe** werden hier gefertigt – ausgestattet mit Champagnerkühler und Gläsern, wer immer es mag.

SANSIBAR UND SAMOA SIND NICHT WEIT

Die Strände hingegen sind lang und breit. Über zwölf Kilometer feinsandiger Strand begeistern. Da gibt es sicher ein Fleckchen, an dem man für sich ist und das Meer genießen kann. Die FKK-Bereiche liegen am südlichen Ende an den Strandübergängen.

Dort befinden sich auch die Strandbistros, die nicht nur auf Sylt zur Berühmtheit wurden. Die »**Sansibar**« von Herbert Seckler ist das Synonym für Sylt und den Lebensstil der VIPs, der Schönen und Reichen. Ein Besuch gehört zu Sylt wie die Krabbe zum Kutter. Berühmt sind die Partys bei Sonnenuntergang, aber auch die Karte des Restaurants kann sich sehen lassen. Hier lässt es sich vortrefflich und teuer speisen. In den Gewölben unter dem Lokal lagern 1.200 Weine. Wie teuer das Kilo Kaviar

Das Sansibar-Logo ist allgegenwärtig.

ist, sagt gern der Mann hinter dem Tresen. Aber was macht das schon, wenn man nachher sagen kann, man war dabei, und klebt sich voller Stolz den Aufkleber mit dem Logo der »Sansibar« auf das Heck seines Kfz – auch wenn es nur ein Kleinwagen ist. Denn auf dem Parkplatz der »Sansibar« stehen alle Nobelkarossen, die man sich denken kann.

Das »**Samoa-Seepferdchen**«, ein Paar Meter weiter am Strand, kommt etwas rustikaler daher und gilt auf Sylt als Geheimadresse, wenn Wirt »Padrone Kalle« in seiner Küche feine Speisen zubereitet. Regionale und internationale Spezialitäten versüßen hier das Leben.

AN VIELEN STELLEN MILITÄRRELIKTE

Etwas unschöner ist der große Sendemast »**Loran C-Station**«, der in Strandnähe als Funknavigation für die Schifffahrt dient. Während des Kalten Kriegs überwachten die

Friedlich liegen die Schiffe im Hafen von Rantum.

Amerikaner damit ihre Transport-
wege. Seit 1989 ist er in deutscher
Hand als 2.500 Kilometer weit rei-
chender Schifffahrtssender. **Puan
Klent** heißt eigentlich ein Seeräu-
ber, der sich in Rantum vor langer
Zeit versteckt haben soll. Heute
trägt ein ehemaliges und klotziges
Kasernengebäude diesen Namen.
Seit 1946 ist es Erholungsheim für

Samoa-Seepferdchen am Strand von Rantum.
Küche auf gehobenem Niveau.

bis zu 300 Kinder und Jugendliche. In letzter
Zeit jedoch Spekulationsobjekt, um Ferien-
anlagen und teuren Wohnraum zu schaffen.
Das **Rantumbecken** bietet nicht nur zahl-
losen Vögeln einen Ruhe- und Nistplatz. Das
Naturschutzgebiet lässt sich auch mit dem
Fahrrad und dem Vogelbuch erkunden. Der
Rundkurs ist etwa zehn Kilometer lang und
zeigt Rantum von seiner natürlichen Seite.

WENNINGSTEDT

(Woningstair)

SEEBAD AM ROTEN KLIFF

Wenningstedt steht vor allem bei Familien hoch im Kurs. Ob als kleiner Bauherr am Strand oder als Clown im »InselCirkus« – insbesondere die jüngsten Gäste kommen hier voll auf ihre Kosten. Die vielfältigen Freizeitangebote Wenningstedts lösen große Begeisterung aus, und die wird nicht selten von Generation zu Generation weiterge-

Das Rote Kliff bei Wenningstedt. Bei Sonnenuntergang erstrahlt die rote Kliffkante in wunderschönem Licht.

geben. Herzstück von Wenningstedt ist der idyllische Dorfteich, an dessen Ufer die Friesenkapelle
thront. In den Sommermonaten schlägt der Zirkus
seine Zelte in Wenningstedt auf und zaubert eine
bunte Mischung aus Artistik, Entertainment und
Gastronomie aus dem Hut. Spätestens dann, wenn
der internationale Artistenpreis Solycirco verge-
ben wird, verwandelt sich Wenningstedt für ein
Wochenende zum Monte Carlo des Norderns.

WO EINST DIE WALFÄNGER WOHNTEN

Der Wohlstand zog in Wenningstedt ein, als seine
Bewohner durch den Walfang im 17. Jahrhundert
zu viel Geld kamen. Bis dahin war der Ort an der
Kliffkante eher bedeutungslos. Heute hingegen
lebt er ausschließlich vom Tourismus, darf sich
seit den 1960ern Nordseeheilbad nennen und
steht besonders bei Familien, die auf der Insel
Urlaub machen, hoch im Kurs. Denn der kleine
Ort verwandelt sich in eine große Zirkusmanege,

wenn der Inselzirkus im Sommer seine Zelttore öffnet, mit buntem Programm und einem Mitmachzirkus. Professionelle Artisten stellen ihr Können zur Schau, Kinder ihr Talent und Senioren studieren eine »reife Leistung« ein. Zirkusdirektor Martin Kliewer zaubert im 17. Jahr Klassiker wie die wöchentlich wechselnden Shows internationaler Jugendzirkus-Ensembles aus dem Hut. Die Zirkus-Workshops für »Flöhe«, Schulkinder und Jugendliche stehen ganz hoch im Kurs. Auf ihrem Stundenplan steht Jonglieren, Trampolin, Seiltanz, Zauberei und Clownerie. Zu den wöchentlichen Abschluss-Shows zeigt jeder, was er gelernt hat. Eine Institution in Wenningstedt. Wer es etwas sportlicher möchte, besucht den **Golf-Club Sylt** mit seinem 18-Loch-Platz gleich in der Nähe des Zirkus. Doch wer am **Roten Kliff** die Nordsee und den breiten Sandstrand aus bis zu 30 Meter Höhe vor Augen hat, kann seinen Blick kaum abwenden. Man kann sich nicht sattsehen an der Schönheit dieses Fleckchen Naturs. Unbeschreiblich sind die Sonnenuntergänge, wenn das Licht die Kliffkante in einen wunderschönen Rotton taucht. Der 20 Meter breite Weststrand ist ein Paradies für Badesportler, Sonnenanbeter mit oder ohne Badehose, Sandburgenbauer und Windsurfer. Von einer Aussichtsplattform hat man einen grandiosen Blick auf das Geschehen am Strand und kann die Nordsee von einem Logenplatz genießen.

Der Strand von Wenningstedt ist etwas für Familien und Liebhaber der Ruhe und Abgeschiedenheit.

Wenningstedt kommt mondäner und aufgeräumter daher als beispielsweise Westerland.

Kulinarisch geht es an der Kliffkante in den Strandbistros und Restaurants zu. Sie sind beliebte Ausflugsorte und Treffpunkte, wenn die Sonne untergeht.

Beschaulicher geht es am **Dorfteich** von Wenningstedt zu. Hier sitzt es sich ruhig und gemütlich. Man kann dem Treiben des Federviehs auf dem Wasser und der Vogelinsel zusehen, die umstehenden reetgedeckten Friesenhäuser betrachten und den Tag ausklingen lassen.

HISTORISCHES WENNINGSTEDT

Geschichtlich geht es in der Nähe der kleinen Friesenkapelle zu, die Sie unbedingt besuchen sollten. Das evangelische Gotteshaus von 1914 bietet Kunst und Wissenswertes im maritimen Stil. Etwa 50 Meter weiter ragen große Felsblöcke aus dem Boden. Das Steingrab »**Denghoog**« wurde etwa 3000 v. Chr. angelegt. Hinter dem sechs Meter langen Gang befindet sich eine Grabkammer. Hier fanden Archäologen mehrere Urnen, Grabbeigaben und ein Skelett. Wie seinerzeit das Grabmal errichtet wurde und wie unsere Vorfahren die bis zu 18 Tonnen schweren Felsen bewegt haben, wird wohl ein Rätsel bleiben. Ein Ausflug in die Vergangenheit ist möglich. Die Grabkammer ist durch eine enge Öffnung zu betreten – jedoch nicht für Leute mit Platzangst. Der Gang ist beengt und nur einen Meter hoch. Trotzdem ein Besuch der besonderen Art.

MIT DEM RAD GEHT ES AM BESTEN …

Es hat sich mir noch nie erschlossen, aus welchem Grund man ein Auto mit auf eine Insel nimmt. Zugegeben: Wer mit Kindern sowie Sack und Pack anreist, hat auf dem Gepäckträger eines Fahrrads wenig Spielraum, doch eine Insel mit dem Rad zu erkunden, ist das Größte. Auf Sylt kommt natürlich der Sehen-und-gesehen-werden-Aspekt hinzu. Nirgendwo gibt es eine derart starke Häufung von Nobelschlitten wie hier. Dafür ist Sylt prädestiniert. Wer das alles nicht mag und trotzdem »nur« mit dem Rad anreist, kommt auf seine Kosten. Nicht nur das: Die Beobachtungen vom Fahrradsattel aus sind unbezahlbar. Die Radwege sind vorbildlich und überall ist man per Rad gern gesehen. Ich selbst habe es ausprobiert und kann sagen, eine Tour von List nach Hörnum via Westerland ist herrlich, auch wenn es immer besser

ist, den Wind im Rücken zu haben als von vorn. Besonders dann, wenn man schon 50 Kilometer zurückgelegt hat. Die restliche Strecke ist die schwerste. Aber dafür schmeckt das Bier nach getaner Arbeit besonders gut. Erst recht, wenn man mit dem Blick auf die untergehende Sonne über der Nordsee belohnt wird.

200 INSELKILOMETER WARTEN AUF SIE

Über 200 Kilometer können Sie mit dem Rad zurücklegen, wenn Sie alle Wege und Richtungen abfahren möchten. Entlang am Wattenmeer, vorbei an Kliffs und der »Uwe-Düne«: Sylt ist abwechslungsreich, farbenfroh und immer interessant. Wer in Westerland startet, kann Richtung Süden bis nach Hörnum oder Richtung Norden bis nach List fahren. In beiden Fällen jeweils genau 18 Kilometer. Eine tolle Strecke für den Sonntagnachmittag. Wem der Gegenwind zu sehr ins Gesicht bläst, nimmt einfach den Bus für die Rücktour. Auch E-Bikes sind, wie alle anderen Fahrradtypen, auf der Insel erhältlich. Nur mal kurz zum Ausprobieren oder für eine schöne Tour in die versteckten Ecken der Insel. Fahrradverleiher gibt es wie Sand am Meer, auf Wunsch werden Räder gebracht oder abgeholt. Wer auf Nummer sicher gehen und dabei die Insel mit fachlicher Betreuung kennenlernen möchte, kann sich alternativ einer geführten Tour anschließen. Die Naturschutzgemeinschaft Sylt bietet naturkundliche Radtouren durch die Braderuper Heide an. Mit Silke von Bremen geht es auf »LiteRA(D)tur« durch Kampen. Mit dem Blick durch die Lesebrille radelt die Gästeführerin und Autorin durch das Künstlerdorf und erzählt und zeigt, warum die Insel besonders bei Schriftstellern eine so große Faszination ausübte. Eine sportlichere Variante bietet die »Insel Sylt Tourismus-Service GmbH«: Mehrmals wöchentlich finden geführte Biker-Touren statt, wahlweise in den Norden, Süden, Westen oder Osten. Lernen Sie die Insel aus dem Sattel kennen. Es lohnt sich.

Auf Sylt kommt man mit dem Rad überall hin.
Vom Sattel aus zeigt die Insel ihre besonderen Reize.

GOLFEN AUF SYLT

Einmalige Landschaft und ein herrlicher Ausblick. Dazu ein perfektes Grün und einen Abschlag in der Sylter Sonne. Schlagabtausch auf der ganzen Insel. Zum Beispiel im Inselsüden steht ein 18-Loch-Platz am Golfclub Budersand Sylt zur Verfügung – aktuell Platz zwei der besten deutschen Plätze. Entlang des Meeres lässt es sich hervorragend golfen. Auch der nördlichste Golfplatz der Insel hat seine ureigenen Reize. Die 18-Loch-Anlage des Golf-Club Sylt zwischen Wenningstedt und Kampen ist ganzjährig bespielbar. Freie Sicht auf das Wattenmeer und den Kampener Leuchtturm ist garantiert. Wer noch Meer haben möchte, wird vor den Toren Westerlands auf dem 18-Loch-Links-Course des Marine-Golf-Club Sylt auf seine Kosten kommen. Loch für Loch fügt sich der Platz perfekt in die Insellandschaft ein, sodass man zwischen den Schlägen und dem Staunen feststellt, wie nah man dem Meer gekommen ist. Wer sich nicht entscheiden kann, findet beim Golfhopping genau den richtigen Platz. Weitere Infos rund um Sylt gibt es beim virtuellen Inselspaziergang auf www.sylt.de.

Drei Golfplätze auf Sylt bieten
für jeden Spieler den richtigen Abschlag.

BRADERUP

(Brererep)

DIE GRÜNE SEELE AN DER WATTSEITE

Die kleine Schwester Wennigstedts besticht durch ihre idyllische Lage, Wiesen und Felder. Im Osten die Braderuper Heide, die im Hochsommer in einem zarten Lilaton blüht. Am Fuß dieser ausgedehnten Heideflächen erstreckt sich weithin das Wattenmeer. Auch diese Seite Sylts hat ihre Reize und bietet bei Sonnenuntergängen ein wunderschönes Farben- und Lichtspiel auf dem Wattboden. Dazu weite Heidelandschaften und goldgelbe Felder, die dem Auge schmeicheln. Das Naturzentrum Braderup zeigt, wie viel buntes Leben auf beiden Inselseiten wohnt. Eine Ausstellung widmet sich verschiedenen Themengebieten – angefangen von der Inselentstehung bis hin zum heutigen Küstenschutz. Im Aquarium schwimmen seltene Unterwasserbewohner. Während der Sommersaison werden Watt-, Strand-, und Heidewanderungen sowie naturkundliche Radtouren und Kräutergarten-Führungen angeboten. Die enden zwischen duftenden Kräutern und Mohnblumen mit einer Tasse Tee aus eigenem Anbau.

Wer in Braderup auf das Rote Kliff der Sylter Westseite verzichten muss, wird mit der weißen **Abbruchkante** an der Wattseite entschädigt. Der Ortsname leitet sich daraus ob: Dorf am Abhang. Das Kliff besteht aus Kaolinsand. Die vielen Sandbuchten

Auch die Sylter Wattseite hat ihre Reize.

vor dem Ort sind wunderschöne Plätze für ein Picknick oder eine Ruhepause. Das Baden an dieser Stelle ist wegen der geringen Tiefe des Wassers und dem schlickigen Untergrund recht schwierig. Bei gutem Wetter und Ebbe sieht man im Wattenmeer das Wrack eines Dreimasters. Der 1903 erbaute Schoner MARIANN sollte als Restaurantschiff seinen Hafen finden, scheiterte jedoch an der Bürokratie. Die Partyszene entdeckte das Wrack für sich, bis es 1981 in Flammen aufging.

WUNDERSCHÖNE HEIDELANDSCHAFT

Um den 300-Seelen-Ort befindet sich eine 137 Hektar große **Heide**, die bis nach Kampen reicht. Das ist die Hälfte der Heidevorkommen in Schleswig-Holstein. Das Naturschutzgebiet bietet für 150 Pflanzen und 250 Tierarten eine Heimat. Die gewellte Ebene ist verwachsen mit knöcheltiefer Besen- und Kriechheide. Dazwischen Knabenkraut, Arnika, Sonnentau sowie Vogelarten wie Rotschenkel, Austernfischer und Brandgänse, die hier ihre Nester bauen. Dieses interessante Stück Natur lässt sich auf eigene Faust oder mit einer geführten Tour erkunden.

In der Braderuper Heide befinden sich 50 Prozent der Heidevorkommen in Schleswig-Holstein.

KEITUM
(Kairem)

DAS GRÜNE HERZ DER INSEL

Typisch für Keitum sind seine alten Friesenhäuser. Schattige Pfade und versteckte Wege laden zum gemütlichen Spaziergang durch das Dorf ein, das einst Alterssitz Sylter Kapitäne war und heute den treffenden Beinamen »Grünes Herz der Insel« trägt. Bis 1820 hatte Keitum noch einen Hafen, über den die Waren für die Insel umgeschlagen wurden. Durch die Verschlickung fand der Schiffsverkehr 1859 dann über Munkmarsch statt. Als der Ort 1963 als Gewinner aus dem Wettbewerb »Unser Dorf soll schöner werden« hervorging, nahm die Öffentlichkeit und der Tourismus Kenntnis von dem bis dahin eher beschaulichen Ort. Heute ist Keitum

Typisch Keitum: Blühende Rosen und Friesenhäuser mit Reetdächern.

bei Zweitwohnungsbesitzern, Gästen und naturverbundenen Syltern beliebt, denn als Badeort eignet sich die Wattseite des Ortes nicht. Dafür ist Westerland und die Brandungsküste besser geeignet. Trotzdem ist in den Sommermonaten so viel in Keitum los, dass die Straßen für den Autoverkehr gesperrt sind.

SYLTER HEIMATKUNDE GREIFBAR

Idyllische Gärten werden vom Laub stolzer Bäume beschattet und säumen den Weg zur ältesten Kirche der Insel. **Reetgedeckte Friesenhäuser** machen Geschichte greifbar. Brauchtum und Tradition sind lebendige Gegenwart. Zum Beispiel in den von »Söl'ring Foriing« unterhaltenen Keitumer Museen. Keitum ist auch das Zen-

Schafe sind für die Insel Sylt wichtige Arbeiter, sie halten die Salzwiesen und das Deichgras kurz.

Foto: ©Sylt Marketing

trum insularen Kunsthandwerks. In ihren kleinen Werkstätten und Läden kreieren die Töpfer und Weber, die Goldschmiede und Glasbläser filigrane Kostbarkeiten. Boutiquen namhafter Firmen haben unter Reet ihre Dependancen in den Straßen Keitums.

DAS GRÜNE KLIFF DARF NICHT FEHLEN

Wo es auf Sylt ein Rotes und Weißes Kliff gibt, ist auch ein **Grünes Kliff** nicht weit. Der 1.300-Einwohner-Ort trägt durch die baumbestandene Steilküste im Nordosten diesen Namen. Selbst auf den Wegen und Straßen des Ortes ist viel mehr Grün zu sehen, als in den übrigen Dörfern der Insel. Im Schatten hoher Kastanien und Linden stehen die alten Friesenhäuser, die den Ort so zauberhaft machen.

Die **St.-Severin-Kirche** in Keitum sollte auf Ihrer Besichtigungstour nicht fehlen. Die alte Seefahrerkirche wurde urkundlich 1240 erwähnt und ist somit Sylts ältestes Gotteshaus. Ein Genuss für Freunde kirchlicher Orgelmusik ist das 1999 eingebaute Instrument. Mit 46 Registern gehört es zu den größten Kirchenorgeln Nordfrieslands. Den Friedhof umgibt eine Mauer aus Feldsteinen. 17 historische Grabsteine sind noch zu bewundern: Zeugen der Keitumer Seefahrtsepoche. Auch die Gräber von Berühmtheiten wie die Verleger Rudolf Augstein, Peter Suhrkamp, Ferdinand Avenarius und der Chronist Christian Peter Hansen befinden sich hier.

ÄLTESTE KIRCHE AUF DER INSEL

Einige Museen bieten einen Überblick auf die Zeit der Vorfahren. Das **Heimatmuseum** beherbergt vorgeschichtliche Funde, friesische Handwerkskunst und Kostbarkeiten aus der Walfängerzeit. Eine Sonderausstellung zeigt den Sylter Freiheitskämpfer Uwe Jens Lornsen, dem die »Uwe-Düne« bei Kampen gewidmet ist. Gleich daneben ist das **Altfriesische Haus** mit der Museumsweberei von 1739. Einen Blick in die Lebensweise der Friesen aus dem 18. und 19. Jahrhundert sollten Sie nicht verpassen.

Das **Feuerwehrmuseum** zeigt Uniformen, Abzeichen und Fotos alter Ausrüstungsgegenstände der Sylter Feuerwehr aus 150 Jahren. Am Ortsrand liegen zwei **Hünengräber** aus vorgeschichtlicher Zeit malerisch im Watt. Um »Tipkenhoog« und »Harhoog« ranken sich abenteuerliche Geschichten. Die Sandinseln südlich von Keitum stehen unter Naturschutz und dürfen nicht betreten werden. Die Überreste der Sandvorspülungen von 1972 sind mittlerweile bedeutende Brut- und Rastplätze für heimische Vogelarten wie Möwen und Seeschwalben. Am alten **Schöpfwerk** starten Wattwanderungen und vogelkundliche Exkursionen.

Der Boom auf Sylt ist ungebrochen, auch bei hochpreisigen Neubauvorhaben.

DIE KUNST DES REETDACHDECKENS

Die reetgedeckten Häuser sorgen neben der einzigartigen Natur der Insel für ein ursprüngliches Sylt-Gefühl. Mal sind sie klein und fein, wie in der berühmten Kersing-Siedlung in Hörnum, mal können sie aber auch sehr groß sein wie die Kampener Feuerwache. Das Reetdecken ist mehr als ein traditionsreiches Handwerk, es ist eine Lebenseinstellung, eine Kunst – der Reetdachdecker somit ein Künstler. Fachmänner sind sich sicher, dass ohne das Gefühl für das Material auch das Resultat nicht überzeugen kann. Für Sylt sind reetgedeckte Häuser ein markantes und zugleich charmantes Merkmal. Was wäre eine Fahrradtour in den Inselnorden ohne einen Spaziergang durch das Kapitänsdorf Keitum mit seinen Reetdachhäusern?

Goldgelb müssen sie sein, die Halme des Naturbaustoffs. Aber auch die Optik ist von Bedeutung sowie die Qualität des Reets und die Handwerkskunst, die Bündel auf das Dach zu bekommen. Die Friesenhäuser sind regensicher, frostbeständig und atmungsaktiv. Unter Weichdächer, wie sie im Fachjargon heißen, ist es im Winter schön warm und im Sommer kühl. Die windgeschütze Seite des Daches kann bist zu 100 Jahre halten, die Wetterseite immerhin 30 bis 50 Jahre. Mittlerweile hat sich der einst preiswerte Dachbelag zum Statussymbol auf der Insel entwickelt.

Der Naturstoff kommt heute meist aus Rumänien, der Ukraine oder Ungarn. Die Preise für die schönen Dächer sind hoch, allein die Feuerversicherung verschlingt jährlich ein Vermögen. Und nicht nur das: Die urigen und alten Friesenhäuser verschwinden zusehens auf der Insel. In Erbfällen ist ein Verkauf der alten Häuser kaum zu umgehen. In seltenen Fällen kann es sich einer der Erben leisten, den Miterben auszubezahlen. Es geschieht dann immer das Gleiche: Inselfremde Investoren und Vermögende erwerben die Altimmobilie und ersetzen sie durch einen Neubau nach altem Vorbild. Folglich ziehen Sylter von ihrer eigenen Insel aufs Festland, weil sie sich die Häuser nicht mehr leisten können, ganz zu schweigen von Mietwohnungen. Sie arbeiten zwar auf der Insel, wohnen aber in den Dörfern außerhalb von Sylt. Die negativen Randerscheinungen: Schulen schließen, weil es keine Kinder mehr auf der Insel gibt, die Feuerwehren finden keinen Nachwuchs, Läden machen zu.

MORSUM

(Muasem)

URSPRÜNGLICHES SYLT DER TRADITIONEN

In Morsum zeigt sich Sylt von seiner ursprünglichen Seite. Hier sind die friesische Sprache und das Brauchtum lebendig. Morsum ist die Hochburg des Traditions-sports Ringreiten. Weite Wiesen und Felder sind ein Eldorado für Spaziergänger und Radfahrer. Von atemberaubender Schönheit sind die Heidevegetationen und das Morsumer Kliff, in seinem geologischen Aufbau einzigartig in Europa. Diese imposante Formation am östlichen Zipfel der Insel dokumentiert fünf Millionen Jahre Erdgeschichte. Das 1.800 Meter lange und bis zu 21 Meter hohe Kliff wurde 1923 als eines der ersten Gebiete auf Sylt unter Naturschutz gestellt und gehört zu den bedeutendsten Geotopen der Republik.

RINGREITERWETTBEWERB HOCH ZU ROSS

In dem 1.200-Einwohner-Ort steht das Brauchtum im Vordergrund des Zusammenle-bens. So wird beispielsweise der **Ringreiterwettbewerb** zwischen Mai und August zelebriert. Auf Sylt gibt es acht Reitervereinigungen, die diesen alten Sport ausüben. Gekleidet in Galauniformen und mit einer Lanze »bewaffnet« müssen die Reiter im Galopp einen zwei Zentimeter großen Messingring aufspießen, der an einem Galgen über der Turnierbahn hängt. König oder Königin wird der, der die meisten Ringe vom Galgen holt. Das Ringreiten mit zum Teil über 100 Pferden ist das Ereignis auf Sylt, zu dem Hunderte Besucher Jahr für Jahr nach Morsum kommen.

BERÜHMTHEITEN AUF DEM FRIEDHOF

Etwas ruhiger wird es hingegen in der **St.-Martin-Kirche**, einem der ältesten Got-teshäuser auf Sylt. Imposant ist der hölzene Glockenturm, der im Dreißigjährigen Krieg als Wehrturm diente. Der holzgeschnitze Altar und die barocke Kanzel aus Eichenholz sind sehr sehenswert. Auf dem Friedhof neben der Kirche ruht Fabian von Schlabrendorff, der beim versuchten Attentat auf Hitler in Smolensk und am geplanten Staatsstreich des 20. Juli 1944 beteiligt war.

GEOLOGISCHE EINZIGARTIGKEIT

Unbedingt ansehen sollten Sie sich das berühmte **Morsum-Kliff**. Geologisch von hoher Bedeutung zeigt es Bodenschichten, die vier bis fünf Milllionen Jahre alt sind.

Der Sockel des Kliffs wird sogar auf zehn Millionen Jahre geschätzt. Das 43 Hektar große Areal des Naturschutzgebiets umfasst neben dem Kliff auch eine zauberhafte Heidelandschaft, die auf Sylt an vielen Stellen anzutreffen ist. Seltene Planzen finden sich in der Landschaft. Bei einer Führung zeigt der Naturschutzverein Sylt die Besonderheiten dieses Areals. Auch die beiden **Hühnengräber »Munkhoog«** und **»Markmannhoog«** sollten Ihr Interesse wecken. Von der Grabanlage aus der Steinzeit sind heute noch Reste zu erkennen.

Wolkenkino über dem Watt.

ARCHSUM
(Ärichsem)

Reetdachhäuser stehen versteckt in den Dünen.

GESCHICHTLICHES ZWISCHEN MEER UND LAND

Archsum liegt idyllisch zwischen Salzwiesen und Meer und wird zu Recht als Ruhepol der Insel bezeichnet. Im kleinsten Dorf Sylts geht es beschaulich zu. Das Dorfbild ist geprägt von malerischen und reetgedeckten Häusern. Beim Spaziergang durch den Ort sieht man alte Friesenhäuser mit schönen Gärten. Sie sind auf Erdhügeln errichtet, die sie vor dem Wasser schützen, als Deiche die Nordsee noch nicht im Zaum hielten. Bei Sturmfluten kam das Wasser den Bewohnern gefährlich nah. Die Warfen wurden aus schwerem Kleiboden gebaut und boten Schutz gegen die Fluten. Erst mit dem Bau des Nössedeichs 1936 waren die Menschen vor den Wassermassen geschützt.

ALTE GRABKAMMERN BEGEISTERN ARCHÄOLOGEN

Umfangreiche archäologische Ausgrabungen brachten eine über 4.000-jährige Geschichte Archsums hervor. Das »Troja des Nordens« offenbarte unter anderem Zeugnisse der Stein- und Bronzezeit. An einigen Stellen im Ort sind noch Überreste zu finden. Das 4.000 bis 4.500 Jahre alte Ganggrab »**Merelmerskhoog**« ist eines davon. Die im Boden eingelassenen Steinplatten sind zwar wenig spektakulär, lassen aber erahnen, wie geschichtsträchtig dieses Dorf ist.

RUHIG UND GELASSEN

Viele der noch erhaltenen utlandfriesischen Häuser sind ehemalige Bauernhöfe und Ruhesitze Sylter Kapitäne.
Das 300 Einwohner große Dorf ist der ruhigste Ort auf der Insel. Wer gern abseits des Trubels ist, wird Archsum lieben. Die **Radwege** entlang des Nössedeichs bieten viel Abwechslung und zeigen Ihnen den Ort von einer schönen Seite.

Abseits vom Trubel in Westerland die Wattseite
mit dem Fahrrad erkunden.

TINNUM
(Tinem)

Tinnum ist der Ort für Ruhe und Entspannung und der Fahrradfahrer.

DER URLAUBSORT DER FAMILIEN

Als Urlaubsort steht Tinnum besonders bei Familien mit Kindern hoch im Kurs. Hervorragende Möglichkeiten zum Radfahren und Wandern bieten die Tinnumer Wiesen, die sich bis hin zum Rantumbecken erstrecken. Obwohl der Ort mit 2.500 Einwohnern der zweitgrößte auf Sylt ist, ist Tinnum eher ein Geheimtipp. Etwas abgeschieden von Stränden und den Kliffs hat der alte Walfängerort eine Menge zu bieten. Die malerischen Straßen laden zum Bummeln ein, die schönen, reetgedeckten Häuser waren zu Anfang der goldenen Zeit das Zuhause für Seeleute und Kapitäne.

TIERPARK FÜR KLEINE UND GROSSE BESUCHER

Unbedingt sollten Sie den Tierpark mit seinen über 400 einheimischen und fremdländischen Bewohnern besuchen. Für Kinder ist die Anlage der **Familie Christiansen** ein Traum. Freilaufende Flamingos, Pfaue und Hühner sind Anschauungsunterricht auf interessante Art. Im Streichelzoo erleben die Kleinen Schafe und Ziegen. Aras und Alpakas sind auch zu sehen. Wer davon genug hat, verbringt Zeit auf der Hüpfburg oder fährt mit dem Boot auf dem kleinen Teich herum.

RINGWALLANLAGE AUS DER WIKINGERZEIT

Auch die **Tinnum-Burg**, ein Relikt aus vorchristlicher Zeit, sollte Ihr Interesse wecken. Die kreisförmige Wallanlage inmitten der Tinnumer Wiesen wurde etwa um die Zeit von Christi Geburt errichtet. Die Tinnum-Burg misst einen Durchmesser von 120 Metern und ist für Wanderer frei zugänglich. Der ringförmig errichtete Wall enstand wohl erst 1000 Jahre später, zur Zeit der Wikinger. Kleine Pfade führen hinauf zur höchsten Stelle, von der man einen schönen Blick über das Land hat. Welchen Zweck die Burg hatte, ist ungewiss. Entweder wurde sie als Schlupfwinkel oder Kultstätte genutzt.

MUNKMARSCH
(Munkmersk)

BESCHAULICHKEIT AM WEISSEN KLIFF

Das ruhige Dorf war einst Tor zur Insel Sylt. An der Landungsbrücke legten Schiffe vom Festland an. Die Sonnenanbeter wurden von hier mit Kutschwagen nach Westerland gefahren. Ab 1888 übernahm das die Inselbahn. Die Post für die Insel kam hier an. Fischer starteten zu ihren Fangreisen vom Hafen Munkmarsch. Weil der Hafen von Keitum verschlickte, wurde Munkmarsch immer wichtiger. Ab 1901 nahm die Bedeutung des Ortes ab, als Hörnum ebenfalls an die Inselbahn angeschlossen wurde. Mit der Fertigstellung des Hindenburgdamms 1927 büßte Munkmarsch seine Hafenrolle ein. Heute leben die 150 Einwohner hauptsächlich

Sylt ist das Eldorado für Wassersportler aller Art. Jeder kommt auf dem Wasser und an Land auf seine Kosten.

vom Tourismus. Die Gäste kommen gerne her, um die geologische Einzigartigkeit des Weißen Kliffs zu bewundern, dessen millionenalte Kaolinsände nicht nur Geowissenschaftler verzücken.

DREHKULISSE FÜR POLITTHRILLER

Heute ist der Hafen für den Segelklub Anlegestelle der Freizeitkapitäne. **Wassersportler** aller Art treffen sich hier, um an der Wattseite das Surfen zu erlernen oder mit dem Boot die Insel zu erkunden. Dort befindet sich auch das »Fährhaus«, das es in seiner Funktion schon 1869 gegeben hat, um ankommende Gäste auf den Urlaub einzustimmen. Heute ist es ein Luxushotel, in dem nicht nur Starkoch Alexandro Pape sternemäßig brutzelt. Andere Sterne waren bereits zu Gast. Als Regisseur Roman Polanski seinen Politthriller »Ghostwriter« auch auf Sylt drehte, waren Stars wie Pierce Brosnan und Ewan McGregor im Haus.

SITTEN & GEBRÄUCHE

DAS TRAGEN FRIESEN DRÜBER – ODER AUCH NICHT

Es ist Herbst, Blätter und Depressionen fallen von den Bäumen, der Blick in den Kleiderschrank kann einige modische Ausrutscher gegen Wind und Wetter zu Tage fördern. Wohl dem, der im Besitz eines Friesennerzes ist. Nein, kein exotisches oder schützenswertes Tier musste für dieses Kleidungsstück sein Leben lassen.

Für den Friesennerz mussten allerdings ein paar Polyester dran glauben – das ist zu verschmerzen. Auch ich gehörte zu den Kindern, die ab Herbstanfang mit dieser Allwetterkluft ausgestattet waren. Irgendwann als Ölzeug für Seeleute und Fischer erfunden, hatte das PVC-Outfit schnell den Weg in die Zivilisation gefunden.

Vielleicht gab es deshalb in der Ausstattung wenig Handlungsspielraum. Die Farbe immer alarmgelb, Einheitsschnitt, große Kapuze, dazu die passenden Gummistiefel und fertig war der Friesennerz. So ausgestattet war man selbst im dicksten Nordsee-nebel zu erkennen. Unzerstörbar, statusfrei und überhaupt nicht atmungsaktiv, sodass man in der Jacke langsam rot gekocht wurde wie die Krabben auf den Kuttern.

Wie dem auch sei. Küstentouristen allerorts laufen mit dem Friesennerz umher, sind der festen Überzeugung, dass hier oben alle solch ein Kleidungsstück im Schrank haben, und wissen ganz genau, dass sie damit genau rich-tig angezogen sind, um sich nicht als Tourist zu outen. Lediglich der hessische Akzent könnte sie entlarven.

Eingefleischte Friesen haben schon kurz nach dem Kindesalter ihren Nerz dem Blan-ken Hans geschuldet und ihn womöglich in die Altkleidersammlung gegeben. Oder wie ich schon wesentlich früher, als ich das gute Stück in einer Nacht-und-Nebel-Aktion zwischen das Altpapier gedrückt habe und morgens mit versteinerter Miene am Fenster stand und zusah, wie der Nerz in dem riesigen Maul des Müllwagens verschwand. Endlich, die Sorge war ich los. Später fragte mich meine Mutter, ob ich die gelbe Regenjacke gesehen hätte: »Keine Ahnung, hing letzte Woche noch am Haken.«

TJEN DI BIIKE ÖN

NATIONALFEIERTAG DER FRIESEN

Für Insulaner ist und bleibt es ein Muss. Sylt-Neulinge werden es lieben. Die wohl bekannteste Sylter Tradition steht generell am 21. Februar auf dem Programm, wenn es heißt: »Tjen di Biiki ön« – Zünde die Biike an. Überall auf Sylt wer-

den morsches Holz, Reisig, ausrangierte Weihnachtsbäume und brennbares Strandgut gesammelt und zu einer sogenannten Biike aufgetürmt. Das Ziel der einzelnen Dörfer ist es hierbei, möglichst den größten Haufen zusammenzutragen und den jeweiligen Nachbarort zu übertumpfen. Neben dem Wettbewerb darf der Humor nicht fehlen. So ganz genau weiß keiner, woher der Brauch kommt. Bauern

hofften, die Erntegötter zu besänftigen, um sich eine reiche Ernte zu bescheren. Seeleute hofften mit der Biike auf eine unfallfreie Rückkehr. Ab dem 17. Jahrhundert wurde die Biike zu Ehren der ausfahrenden Seefahrer gezündet. Zudem sollten mit dem Feuer Piraten und böse Geister vertrieben werden, auch im Winter. Das Feuer dient heute dazu, Sylter und Gäste zusammenzuschweißen. Das gilt auch für das Nationalgericht der Friesen, den Grünkohl, der zu dieser Zeremonie gereicht wird. Bevor es jedoch zum gemütlichen Teil übergeht, startet von jedem Ort aus ein Fackelzug, der bis zur Feuerstelle führt. Zum Aufwärmen und Stärken gibt es Glühwein, Teepunsch und einen Klönschnack. Ist das Feuer erloschen, trudeln die Gäste und Insulaner in den Restaurants ein und kommen in den Genuss von Kassler, karamelisierten Kartoffeln, Speck, Kochwurst und Grünkohl. Nicht zu erwähnen, dass diese Abende oftmals feuchtfröhlich enden.

DIE BALLADE DER FRIESEN

Pidder Lüng
»Frii es de Feskfang,
Frii es de Jaght,
Frii es de Strönthgang,
Frii es de Naght,
Frii es de See, de wilde See
En de Hörnemmer Rhee.«

Der Amtmann von Tondern, Henning Pogwisch,
schlägt mit der Faust auf den Eichentisch:
Heut fahr ich selbst hinüber nach Sylt,
Und hol mir mit eigner Hand Zins und Gült.
Und kann ich die Abgaben der Fischer nicht fassen,
Sollen sie Nasen und Ohren lassen,
Und ich höhn ihrem Wort:
Lewwer duad üs Slaav!

Im Schiff vorn der Ritter, panzerbewehrt,
Stützt finster sich auf sein langes Schwert.
Hinter ihm, von der hohen Geistlichkeit,
Steht Jürgen, der Priester, beflissen, bereit.
Er reibt sich die Hände, er bückt den Nacken.
Der Obrigkeit helf ich, die Frevler zu packen,
In den Pfuhl das Wort:
Lewwer duad üs Slaav!

Für Hörnum hat die Prunkbarke den Schnabel gewetzt,
Ihr folgen die Ewer, kriegsvolkbesetzt.
Und es knirschen die Kiele auf den Sand,
Und der Ritter, der Priester springen ans Land,
Und waffenrasselnd hinter den beiden
Entreißen die Söldner die Klingen den Scheiden.
Nun gilt es, Friesen:
Lewwer duad üs Slaav!

Die Knechte umzingeln das erste Haus,
Pidder Lüng schaut verwundert zum Fenster hinaus.
Der Ritter, der Priester treten allein
Über die ärmliche Schwelle hinein.
Des langen Peters starkzählige Sippe
sitzt grad an der kargen Mittagskrippe.
Jetzt zeige dich, Pidder:
Lewwer duad üs Slaav!

Der Ritter verneigt sich mit hämischem Hohn,
Der Priester will anheben seinen Sermon.
Der Ritter nimmt spöttisch den Helm vom Haupt
und verbeugt sich noch einmal: Ihr erlaubt,
dass wir euch stören bei euerm Essen,
Bringt hurtig den Zehnten, den ihr vergessen,
Und euer Spruch ist ein Dreck:
Lewwer duad üs Slaav!

Da reckt sich Pidder, steht wie der Baum:
Henning Pogwisch, halt deine Reden im Zaum.
Wir waren der Steuern von jeher frei,
Und ob du sie wünscht, ist uns einerlei.
Zieh ab mit deinen Hungergesellen,
Hörst du nicht schon meine Hunde bellen?
Und das Wort bleibt stehn:
Lewwer duad üs Slaav!

Bettelpack, fährt ihn der Amtmann an,
Und die Stirnader schwillt dem geschienten Mann:
Du frisst deinen Grünkohl nicht eher auf,
Als bis dein Geld hier liegt zu Hauf.
Der Priester zischelt von Trotzkopf und Bücken,
Und verkriecht sich hinter des Eisernen Rücken.
O Wort, geh nicht unter:
Lewwer duad üs Slaav!

Pidder Lüng starrt wie wirrsinnig den Amtmann an,
Immer heftiger in Wut gerät der Tyrann,
Und er speit in den dampfenden Kohl hinein:
Nun geh an deinen Trog, du Schwein.
Und er will, um die peinliche Stunde zu enden,
Zu seinen Leuten nach draußen sich wenden.
Dumpf tönt's aus der Erde:
Lewwer duad üs Slaav!

Einen einzigen Sprung hat Pidder getan,
Er schleppt an den Napf den Amtmann heran,
Und taucht ihm den Kopf ein, und lässt ihn nicht frei,
Bis der Ritter erstickt ist im glühheißen Brei,
Die Fäuste dann lassend vom furchbaren Gittern,
Brüllt er, die Türen und Wände zittern,
Das stolzeste Wort:
Lewwer duad üs Slaav!

Der Priester liegt ohnmächtig ihm am Fuß,
Die Häscher stürmen mit höllischem Gruß,
Durchbohren den Fischer und zerren ihn fort,
In den Dünen, im Dorf rasen Messer und Mord.
Pidder Lüng doch, ehe sie ganz ihn verderben,
Ruft noch einmal im Leben, im Sterben
Sein Herrenwort:
Lewwer duad üs Slaav!

Detlef von Liliencron

… RUNDUM MEER

BADEN AUF SYLT

AUF NUMMER SICHER

Das Sylter Badewasser ist in jeder Hinsicht unbedenklich. Regelmäßige Untersuchungen bescheinigen Sylt sogar eine ausgezeichnete Qualität. In der Hochbadesaison zwischen Mai und September werden alle drei Wochen Proben an zehn ausgewählten Badeständen entnommen. Die jüngsten Messungen bestätigen eine EU-Studie zur Qualität der europäischen Badegewässer, die Sylt Bestnoten bescheinigt. Wo genau die Proben entnommen werden sowie weitere Informationen zu den Untersuchungsergebnissen, erfahren Urlauber unter www.badewasserqualität. schleswig-holstein.de.

Auch der Sicherheitsaspekt wird an den Stränden der Insel großgeschrieben. Rund 50 Rettungsschwimmer halten während der Saison Tag für Tag Wacht und überblicken von ihren erhöhten Ständen aus das Geschehen am Flutsaum. An den bewachten Stränden signalisieren Flaggen an den Masten der Rettunsstände je nach

Von den Strandwachen aus haben die Rettungsschwimmer alles im Blick.

Traumhaft schöne Strände, der richtige Wind und ein gutes Board:
Was will man mehr?

Wetterlage nach dem Ampel-Prinzig folgende Gebote: Eine grüne Fahne steht für »Badezeit«, eine gelbe Flagge bedeutet »Baden nur unter Aufsicht der Rettungsschwimmer«, eine rote Flagge schließlich steht für »generelles Badeverbot«. Für den Fall der Fälle sind die Rettungsschwimmer bestens ausgestattet. Neben ihren Schwimmkenntnissen verfügen sie über Hilfsmittel wie das sogenannte Rescue Tube – ein Schwimmbrett mit Rettungsleine und Gurt. Auch sind sie in Erster Hilfe ausgebildet, geben Auskunft auf diverse Fragen und sorgen ganz nebenbei für den rettenden Nachwuchs.

WASSERSPORT AUF SYLT

DIE INSEL DER SURFER UND WASSERSPORTLER

Die Nordsee rund um Sylt ist ein ideales Revier für alle Wassersportler und jene, die es werden wollen. Dass hier blutige Anfänger ebenso auf ihre Kosten kommen wie ausgekochte Profis, macht den besonderen Reiz aus. Das ruhige Wattenmeer an der Ostküste ist ideal für Anfänger. An der Sylter Westküste zeigt sich das Meer von seiner rauen Seite, stellt auch routinierte Segler und Surfer vor eine echte Herausforderung.

WINDSURFEN

Dieser Herausforderung stellen sich Jahr für Jahr die besten Windsurfer der Welt. Die Windsurf-Europameisterschaften im Mai läuten den Start der Sylter Wettkampf-saison ein. Im Sommer dann surft die nationale Elite beim Deutschen Windsurf Cup in der Brandung vor Westerland um Meisterschaftspunkte; im Herbst treffen sich dort die internationalen Stars der Szene zum Windsurf World Cup Sylt. Ausreichend Gelegenheiten also, sich einige Tricks bei den Könnern abzuschauen. Wer trotzdem noch ein bisschen wackelig auf den Brettern steht – Surf-schulen vermitteln sowohl Einsteigern als auch Fort-geschrittenen das grundle-gende Know-how.

WELLENREITEN

Wie Pinguine auf den Fel-sen hocken die Wellenreiter in schwarzem Neopren auf ihren Brettern im Meer. Den Blick Richtung Horizont, alle Sinne voll auf Empfang, die Pose relaxed. Lauern auf die perfekte Welle. Insu-laner haben dafür ein ausgeprägtes Gespür, alle anderen sollten auf zwei markante Indizien achten: Ein Tief naht von England heran, der Westwind dreht jählings auf Ost. Ersteres beschert Westwind mit Stärken von mindestens vier oder fünf, Letzteres macht perfekte Druckwellen.

STAND-UP-PADDELN (SUP)

Spätestens dann, wenn das Meer so ruhig wie ein Badesee daliegt, wird es Zeit fürs Stand-up-Paddeln. Wer schon immer mal gerne übers Wasser gehen wollte und dabei quasi so ganz nebenbei ein sportliches Ganzkörperworkout absolvieren möchte, sollte einen SUP-Kurs belegen. Von Mai bis September kann man unter anderem in den Kursen des Insel Sylt Tourismus-Service lernen, wie man sich auf einem Surfbrett stehend mittels eines Paddels fortbewegt.

KITESURFEN

Gezogen von einem Lenkdrachen erreichen Kitesurfer schon ab Windstärke zwei bis zu 60 Kilometer in der Stunde. Der Auftrieb des Schirms erlaubt gewaltige Sprünge über das Wasser: Höhen bis zu 20 Meter und Sprungweiten bis 120 Meter werden erreicht. Die besten internationalen Kitesurfer liefern sich im Sommer beim Kitesurf World Cup vor Westerland spannende Wettkämpfe mit tollkühnen Manövern im Wasser und in der Luft.

SEGELN UND CATSEGELN

Das Segelrevier im Nationalpark Wattenmeer ist riesengroß, windsicher, flach und unvergleichlich schön. Segelschulen bieten Kurse sowohl für Anfänger als auch für Fortgeschrittene an. Wer ein bisschen rasanter durchs Wasser pflügen möchte, der sollte auf das Catsegeln umsteigen. Geschult wird auf Katamaranen vom Typ »Hobie Cat 16« und »Hobie Cat 15«. Diese schnittigen Zweirumpfboote haben eine überschaubare Länge von fünf Metern und verfügen über jeweils zwei Segel. Für einen farbenprächtigen Anblick knatternder Segel sorgen die Regatten »60 Seemeilen vor Sylt« und »Super Sail Sylt«, die im Sommer vor Westerland stattfinden.

SEGELAUSFLÜGE

Die Freizeitkapitäne machen ihre Segelyachten derweil in einem der vier Sylter Häfen in List, Munkmarsch, Hörnum oder Rantum fest. Von hier aus lassen sich reizvolle Tagesausflüge unternehmen – etwa zu den Nachbarinseln Amrum und Föhr, den Halligen oder nach Dänemark.

ANGELN AUF SYLT

ANGELN IN DER NORDSEE

Angeln in der Nordsee ist ein reizvolles Erlebnis inmitten einer ursprünglichen Landschaft zwischen Dünen, Strand und Meer. Als Angelausrüstung ist grundsätzlich eine kräftige Rute, eine Rolle mit möglichst großer Übersetzung und eine starke Schnur ab 0,35 Millimeter zu wählen. Besonders fängig erweisen sich die Sommermonate. Vom gesamten Sylter Weststrand können Sie dann in erster Linie den Schollen nachstellen, am besten in der Abenddämmerung. Geangelt wird auf Grund, als Köder empfehlen sich Wattwürmer, Muscheln und Krabben, die mit 200-Gramm-Bleigewichten weit über die Wellen hinweg ausgeworfen werden.

Im Hochsommer ziehen die Makrelen dicht an der Sylter Küste vorbei. Am besten stellt man ihnen

an den Inselenden mit Makrelen-Paternostern oder kleinen Blinkern nach. Einen spritzigen Drill verspricht ebenfalls an den Inselenden das Angeln auf Hornhechte zwischen Juni und August. Mit Fischfetzen, in Vorfachlänge unter einer Wasserkugel montiert, lassen sich die schlanken Räuber am besten verführen. Hornhechte lieben starke Strömung und beißen besonders gern bei Sonnenschein um die Mittagszeit. Vom Lister Hafen aus werden im Sommer Angelfahrten mit dem Kutter angeboten.

ANGELN IN DEN SYLTER BINNENGEWÄSSERN

Wer lieber vertraute Fischarten angeln möchte, der wird im Osten der Insel fündig: Der Anglerverein Sylt bietet in Zusammenarbeit mit dem Insel Sylt Tourismus-Service Angelmöglichkeiten in zwei charakteristisch unterschiedlichen Binnengewässern an. Dabei handelt es sich zum einen um das Katrevel, ein überschaubarer See inmitten der Morsumer Wiesen nahe des Deiches. Er weist eine Wassertiefe von bis zu zwei Metern auf und verfügt über eine ausgewogene Artenvielfalt an Fischen wie Hecht, Zander, Barsch, Aal, Karpfen und Schleie sowie verschiedene Weißfische.

Alternativ bietet sich das Siel an, das sich einem Flusslauf ähnlich zwischen Tinnum und Morsum 18 Kilometer lang quer durch Wiesen und Felder über den Mittelteil der Insel Sylt schlängelt. Wie das Katrevel zeichnet sich auch dieses Gewässer durch eine Vielzahl von Fischarten aus: Karpfen, Schleie, Döbel, Aland, verschiedene Weißfische, Hecht, Barsch und Aal sind hier vertreten. In beiden Gewässern wird regelmäßig Fischbesatz vorgenommen.

Der Besitz eines Jahresfischereischeins berechtigt zum Angeln in der Nordsee, während für die Sylter Binnengewässer zusätzlich ein Erlaubnisschein zu lösen ist.

MEERESLEUCHTEN AUF SYLT

Man kann es wissenschaftlich erklären, und doch ist und bleibt es ein Mysterium: das Phänomen des Meeresleuchtens. Es zu erleben ist möglich, es zu begreifen unmöglich. Im Nirgendwo nördlich von Kampen, ein heißer, schwüler Sommertag ist vorrüber, und müde schwappt das Meer an den Strand. Das, was in den sich brechenden Wellen so schön schimmert und das Meer zum Glitzern bringt, ist ein natürliches Phänomen, und es ist erklärbar: Er handelt sich um eine Biolumineszenz. Ein Licht aus Stoffwechsel von Meereslebewesen. Es stammt von kleinen Dinoflagellaten – Einzellern aus dem Plankton, die man theoretisch mit dem bloßen Auge erkennen könnte. Das,

was nachts so mysteriös leuchtet, ist nicht die Nordsee selbst, sondern die Panzergeißel-Algen in ihr. Sie leuchten, wenn sie eine mechanische Reizung spüren wie den Wellenschlag oder eine Berührung. Diese Mikro-Organismen produzieren Licht, indem sie das Enzym Luziferase freisetzen, das die Substanz Luziferin abbaut. So, wie die Glühwürmchen an Land. Wenn das Leuchten im Meer auftritt, streichen Sie mal mit der Hand über den nassen Sand am Spülsaum. Wenn Sie Glück haben, wird es dort, wo sie den Sand und damit die Einzeller berührt haben, blitzen und glitzern. Ebenso verhält es sich mit dem Fußabdruck, der in einer dunklen

Ein besonderes Ereignis ist das Meeresleuchten am Sylter Strand.

Nacht am Strand magisch schimmert, die Schritte leuchten nach. Kleine Pfützen, in denen Meeresleuchttierchen gefangen sind, können leuchten. Warten Sie also auf diese besondere Nacht.

VORSICHT, WENN DAS WASSER KOMMT

Der alte Mann auf dem Deich scheint unbesorgt an diesem stürmischen Novembertag zu sein. Der Wetterbericht hatte Orkan vorausgesagt. Doch das lässt den alten Seebären kalt. »Heute kommt keine Sturmflut«, weiß der 88-Jährige. »Damals hätten Sie dabei sein sollen. Haushohe Wellen, unser Schiff hat getanzt wie der Teufel«, sagt er. Heute sind es nur sechs bis sieben Windstärken. »Angekündigt waren neun und

Die Nordsee bei gutem Wetter. Für Notfälle liegen auf Sylt zwei Einheiten der Seenotretter – wie hier im Hafen von List.

zehn«, sage ich. Keine Reaktion. Unwetterwarnungen an der Nordseeküste sind kein Grund, um hektisch zu werden. »Bei Windstärke zehn würden wir hier sicher nicht mehr stehen«, sagt er.

STURMFLUTEN KOMMEN UND GEHEN

Vor den Inseln sieht es da schon schlimmer aus. Flutwellen rauschen gegen die Küsten. Inselbewohner haben sich in ihren Häusern verschanzt. Vor Wangerooge suchen Rettungsmannschaften nach einem Segelboot. Es ist überfällig. Über Funk meldet sich keiner. »Vielleicht liegt es in einem anderen Hafen«, sagt der Wachleiter der Seenotretter gelassen. »Die Nordsee ist unberechenbar«, sagt ein Mitarbeiter des Hafenamts. Er und seine Kollegen sperren die Fluttore zu. Das Wasser kommt näher und drückt gegen die Deiche. Wachposten behalten sie und das Wasser im Auge. Der Deich könnte brechen? »Wird er nicht«, sagt der Mann: »Das ist noch gar nichts.« Gut drei Meter stehen die Wellen über dem mittleren Hochwasser. Kein Grund, um sich Sorgen zu machen. Der große Autotransporter im Hafen wird von Schleppern gegen die Kaimauer gedrückt. Bei diesem Sturm wirken die hohen Bordwände wie Segel. »Da hältst du nichts mehr«, sagt der Seebär und spuckt in den Wind.

Auf See liegen nun zwei Notfallschlepper. Sie waren vorsorglich auf Sturmposition gebracht worden. »Man kann nie wissen«, sagt der Mann am Telefon im Havariekommando Cuxhaven. »Wir wollen auf alles gefasst sein.«

Die Fährverbindungen zu den Halligen und Inseln sind eingestellt. Nichts geht mehr. Das Risiko ist zu hoch. Bei solch einem Wetter schickt man keinen Hund vor die Tür. Für November ist dieser Sturm nicht ungewöhnlich, sagt der Hafenkapitän. Er erinnert sich an das Jahr 2006, als in Emden und Hamburg das Wasser fast vier Meter höher stand als normal: »Das war schlimm. Hier flog alles durch die Gegend.«

DAUEREINSATZ FÜR DIE RETTUNGSDIENSTE

Polizei und Feuerwehr sind allerorts im Dauereinsatz. Nichts besonders, das übliche Chaos, wenn es richtig kachelt: vollgelaufene Keller, umgestürzte Bäume, nicht ablaufende Kanäle. Der Mann in der Wache ist gelassen, trotzdem das Telefon nicht stillsteht.

Dieses Mal werden alle mit einem »blauen Auge« davonkommen. Vielleicht. Das Sturmtief »Thilo« wird erst morgen seine volle Kraft entfalten. Beim nächsten Hochwasser könnten die Wasserstände noch höher werden und gegen die Deiche drücken. Der alte Seemann schaut in die Ferne und rückt seinen Elbsegler zurecht: »Der Blanke Hans ist ein räudiger Hund.«

SYLT VON A BIS Z

ALLES WICHTIGE AUF EINEN BLICK

A – WIE AUTOZUG UND AUSTERN

Seit 1950 verkehrt der DB-Autozug Sylt Shuttle auf der 39 km langen Strecke zwischen Festland und Insel. In Niebüll werden Pkw, Lkw und Motorräder verladen und über den Hindenburgdamm nach Westerland transportiert. Pro Jahr passieren etwa 900.000 Fahrzeuge den Damm in beide Richtungen. Während der 35-minütigen Fahrt kann man sich bequem zurücklehnen und erste Meeresluft schnuppern.

In Deutschlands einziger Austernzucht reifen alljährlich zwischen zwei und drei Millionen Austern heran, die unter dem Label »Sylter Royal« europaweit vertrieben werden. Die Austernzucht hat auf Sylt eine lange Tradition und reicht bis ins 11. Jahrhundert zurück. Seit 1986 werden die schmackhaften Schalentiere auf einer ca. 30 Hektar großen Fläche im Wattenmeer der Blidselbucht vor List kultiviert.

B – WIE BIIKEBRENNEN UND BUHNEN

Alljährlich am 21. Februar feiern die Sylter ihr Nationalfest, das sogenannte Biikebrennen. Weithin leuchten dann in den Inselorten lodernde Holzstapel, zu denen Sylter und Gäste in Fackelzügen marschieren. Einst sollten die zehrenden Flammen die Götter milde stimmen. Später symbolisierten die Biiken die Vertreibung des Winters und verabschiedeten die Sylter Seefahrer.

Buhnen sind Bauwerke für den Küstenschutz. Sie ragen rechtwinklig zum Strand etwa 100 Meter ins Meer hinaus. Die ersten Bollwerke aus dem Jahre 1869 waren aus Holz, ab 1927 versuchte man es auch mit Eisen und seit 1950 mit Stahlbeton. Die erhoffte Wirkung, die küstenparallele Strömung vom Strand fernzuhalten, trat jedoch nicht ein. Seit 1970 werden sie Stück für Stück entfernt.

C – WIE CAMPINGPLÄTZE UND C.-P.-HANSEN-PREIS

Es gibt sieben öffentliche Campingplätze – und zwar in Westerland, Rantum, Hörnum, Wenningstedt, Kampen, Tinnum und Morsum. Dazu kommt der Jugendzeltplatz Dikjendeel. Zusammen verfügen diese Campingplätze über rund 1.700 Stellplätze für Wohnwagen und Zelte. Das Abstellen von und das Übernachten in Wohnwagen und Zelten ist außerhalb der Campingplätze verboten.

Mit der Verleihung des C.-P.-Hansen-Preises wird an den Sylter Chronisten C.-P. Hansen erinnert. Der Hauptpreis wird seit 1960 denjenigen verliehen, die sich in den Bereichen friesische Kultur, Sprache und Geschichte der Insel verdient gemacht haben. Ein weiterer wichtiger Bestandteil ist außerdem der Jugendpreis.

D – WIE DÜNEN UND DEICHE

Dünen sind Sandberge, die über Jahrhunderte vom Wind gebildet wurden. Fast ein Drittel der Insel ist mit Dünen bedeckt (2.900 Hektar). Der größte Teil der Dünenlandschaft steht heute unter Naturschutz und darf nur auf den insgesamt rund 40 Kilometer Kies- oder Bohlenwegen überquert werden. Vom Ellenbogen bis zur Hörnum-Odde gibt es über 80 solcher Dünenübergänge.

Insgesamt ist Sylt auf einer Strecke von mehr als 22 Kilometern mit Deichen geschützt. Die wallartigen Erdaufschüttungen dienen der flachen Marsch zum Schutz vor Sturmfluten. Einige Strecken auf der Wattseite bei Rantum, Kampen und List sowie das südöstliche Marschgebiet von Morsum bis Rantum sind besonders gefährdet.

E – WIE ELLENBOGEN UND ERLEBNISZENTRUM NATURGEWALTEN

Der Ellenbogen ist der nördlichste Teil von Sylt und Deutschlands. Die stellenweise nur 300 Meter schmale, lang gestreckte Halbinsel besticht durch ihre urwüchsige, ausgedehnte Dünenlandschaft. Der Ellenbogen befindet sich bereits seit 1608 im Privatbesitz mehrerer Lister Familien.

Seit 2009 dreht sich im »Erlebniszentrum Naturgewalten Sylt« in List alles um die Macht der Natur und ihre Auswirkungen auf den maritimen Lebensraum. Auf 1.500 Quadratmetern bekommen große und kleine Forscher gezeigt, wie spannend Natur sein kann. Die Ausstellung ist unterteilt in die Themen: »Die Kräfte der Nordsee«, »Klima, Wetter, Klimaforschung« und »Leben mit den Naturgewalten«.

F – WIE FÄHRE UND FLUGHAFEN

Zwischen List auf Sylt und der dänischen Nachbarinsel Röm (Rømø) pendelt bis zu siebenmal täglich die 2005 neugebaute SYLTEXPRESS. Die Linie der Sylt-Fähre wurde 1963 eröffnet und befördert im Jahr bis zu 100.000 Pkw. Ein moderner Anleger mit einer Tragfähigkeit von 72 Tonnen ermöglicht das Be- und Entladen der Fähre auch bei extremen Wasserständen. Die Überfahrt dauert rund 40 Minuten.

Der Flughafen Sylt liegt in zentraler Insellage vor den Toren Westerlands. Mit einem jährlichen Passagieraufkommen von rund 217.000 Gästen ist er an das Streckennetz nationaler und internationaler Fluggesellschaften angebunden. Zahlreiche Linien-flüge verbinden Sylt im Sommer mit den deutschen und europäischen Metropolen. Mittlerweile ist Sylt auch im Winterflugplan der Airlines vertreten.

G – WIE GEZEITEN UND GEOGRAFIE

Mit Gezeiten bezeichnet man die täglichen Wasserstandsschwankungen der Weltmee-re. Sie entstehen durch die Anziehungskräfte von Mond und Sonne und durch die Fliehkräfte, die auf der den Gestirnen abgewandten Seite der Erde erzeugt werden. Steigt der Wasserstand, nennt man das Flut, das Abfallen des Wasserstands nennt man Ebbe.

Sylt ist mit einer Größe von rund 99 Quadratkilometern die größte deutsche Nord-seeinsel und nach Rügen, Usedom und Fehmarn die viertgrößte Insel Deutschlands. Sylt erstreckt sich über 38 Kilometer in Nord-Süd-Richtung und ist im Norden, am Königshafen bei List, nur etwa 320 Meter breit. An ihrer breitesten Stelle misst sie 12,6 Kilometer. Sylt liegt geografisch auf der gleichen Breite wie der Südzipfel Alaskas.

I – WIE INSELBAHN UND INSELSCHREIBER

Im Jahre 1888 wurde eine erste, 4,2 Kilometer lange Dampfspurbahn vom Munk-marscher Hafen nach Westerland gebaut. Später wurde das Streckennetz weiter ausgebaut und hatte eine Länge von 38,6 km. 1970 ging die Inselbahn auf ihre letzte Fahrt und wurde durch Omnibusse abgelöst. Heute dient die alte Inselbahntrasse Spaziergängern und Fahrradfahrern dazu, die Sylter Dünenwelt zu erkunden.

Die »Stiftung kunst:raum sylt quelle« fördert internationale Gegenwartskultur aller Sparten. Seit 2001 vergibt das nördlichste Kulturforum Deutschlands jährlich das Literaturstipendium des Inselschreibers an deutschsprachige Autoren. Die Auszeichnung umfasst ein Preisgeld von 5.000 Euro und einen zweimonatigen Auf-enthalt in einem Appartement der Stiftung in Rantum.

J – WIE JUGENDHERBERGEN UND JÖÖLBOOM

Die drei Sylter Jugendherbergen in Hörnum, List und Westerland verfügen über mehr als 600 Betten. Sie alle liegen inmitten der Dünenlandschaft und nur einen Katzensprung vom Strand entfernt. In der Westerländer Jugendherberge Dikjen Deel können Besucher auch auf dem angeschlossenen Jugendzeltplatz übernachten. Weil auf Sylt der Waldwuchs eher spärlich und die Beschaffung von Tannenbäumen sehr kostspielig war, erfanden die Sylter ihren eigenen Weihnachtsbaum, den Jööl-

boom. Das aus Holz gefertigte Gestell wird mit Figuren aus Salzteig, einem Kranz aus Tannengrün sowie Dörrobst und Äpfeln geschmückt. Der Jöölboom wird in Handarbeit gefertigt und auf den Sylter Weihnachtsmärkten verkauft.

K – WIE KÜSTENSCHUTZ UND KLIMA

Besonderen Schutzes bedarf die sensible Küstenlandschaft vor Sylt. Keine andere nordfriesische Insel ist der geballten Wasserkraft der Nordsee so schutzlos ausgeliefert. Jedes Mal, wenn der Blanke Hans wütet, reißt er ein weiteres Stück der Küste mit sich ins Meer. Um die Insel langfristig besser schützen zu können, wurde im Sommer 2007 die Stiftung Küstenschutz Sylt gegründet.

Das Sylter Klima wird überwiegend durch aus westlichen Richtungen herangeführte atlantische Luftmassen geprägt, die einen im Vergleich zum Festland mäßig warmen Sommer und einen relativ milden Winter mit sich bringen. Die Sonne scheint auf Sylt im Jahr etwa 1.750 Stunden. Temperatur, Wind und Strahlung sorgen für ein gesundes Reizklima.

L – WIE LEUCHTTÜRME UND LISTLAND

Auf Sylt ragen vier Leuchttürme in den Himmel. Der höchste ist mit 38 Metern bzw. 179 Treppenstufen der Kampener Leuchtturm, der auch zugleich der dienstälteste (1855) ist. Nur unwesentlich jünger sind die beiden rot-weißen Riesen am Ellenbogen. Ein Stockwerk des Hörnumer Leuchtturms fungierte von 1919 bis 1933 als Schulraum. Heute kann der 33,5-Meter-Riese besichtigt werden, auch Trauungen sind möglich. Das Listland, besser bekannt als Ellenbogen, liegt im Norden der Insel. Etwa 1.284 Hektar des insgesamt rund 1.600 Hektar großen Areals bestehen aus Dünen und Wanderdünen. Seit 1923 steht das Gebiet unter Naturschutz und ist im Privatbesitz einer 30-köpfigen Erbengemeinschaft. Die Mautgebühr, die von Auto- und Fahrradfahrern erhoben wird, dient der Unterhaltung der Straßen und Wege.

M – WIE MOIN UND MEERKABARETT

Moin! Mit diesem Wort begrüßt man sich auf Sylt unabhängig von der Uhrzeit. Der Begriff leitet sich nicht ab von der gebräuchlichen morgendlichen Begrüßung »Guten Morgen«, sondern vom alten Seefahrergruß »Mojen Wind« (Guten Wind). So ist es nicht verwunderlich, dass man sich auf Sylt auch am Abend mit einem lang gezogenen Moin begrüßt.

Seit 1994 ist das kulturelle Leben auf Sylt untrennbar verbunden mit dem Meer-kabarett. In den ersten Jahren seines Bestehens schlug es sein Chapeau-Zelt am

Flughafen Sylt auf. Mittlerweile gastiert das nördlichste Kulturfestival Deutschlands in den Produktionsräumen der »Sylt Quelle« in Rantum. Zwischen Wasserkästen und Abfüllanlagen begeistern Wortjongleure und Tonkünstler aus aller Welt ihr Publikum.

N – WIE NORDSEE UND NATIONALPARK WATTENMEER

In der Nordsee, einem rund 575.000 Quadratmeter großen Randmeer des Atlantischen Ozeans, bestimmen westliche Winde das Klima. Während der gefürchteten Sturmfluten, volkstümlich auch als Blanker Hans bezeichnet, werden jedes Jahr große Teile der Sylter Küste abgebrochen. Die Wellen erreichen dann je nach Windstärke eine Höhe von bis zu sechs Metern.

Der Nationalpark Schleswig-Holsteinisches Wattenmeer ist der größte Nationalpark Mitteleuropas und zeichnet sich durch die Einmaligkeit zahlreicher Pflanzen- und Tierarten aus. Seit 1985 ist der Bereich zwischen der deutsch-dänischen Grenze und der Elbemündung in der höchsten Schutzgebietskategorie. Seit Sommer 2009 ist das Wattenmeer vor Sylt Teil des UNESCO-Weltnaturerbes.

O – WIE ODDE UND ÖLZEUG

Die Hörnum-Odde ist der südlichste Zipfel der Insel. Sie ist aufgrund ihrer exponierten Lage bei Sturmfluten besonders betroffen und wurde im Laufe der Zeit deutlich dezimiert. Nur noch knapp 1,5 Stunden dauert die Umwanderung zu Fuß. Die Odde sollte aufgrund der starken Strömungen nicht zum Baden genutzt werden, dient jedoch Spaziergängern und speziell den Makrelenanglern als ideales Revier. Als Ölzeug wird umgangssprachlich die Oberbekleidung der Seeleute bezeichnet. Früher wurde die Kleidung aus Baumwolle oder Leinen mit Gummi, Leinöl, Teer oder Firnis wasserdicht gemacht. In den 1970er Jahren kam der »Friesennerz« groß in Mode. Hiermit bezeichnet man scherzhaft die leuchtend gelben Jacken, die heute nur noch selten am Sylter Strand zu sehen sind.

P – WIE PETRITAG UND PFLANZEN

Am 22. Februar eines jeden Jahres treffen sich Jung und Alt zum Petritanz. Der Gerichts- und Tanztag ist seit Ende des 19. Jahrhunderts an dieses Datum gebunden. Der Petritag, auch als Pidersdai bekannt, ist vor allem der Tag der Jugend. Es gibt schulfrei, und in fast allen Sylter Dörfern finden Kindertanz- und friesische Theateraufführungen statt.

Die Pflanzenvielfalt auf Sylt ist sehr groß. Besonderer Beliebtheit erfreut sich die Sylt-Rose. Diese ursprünglich von der sibirischen Halbinsel Kamtschatka stammende Pflanze wurde aufgrund ihrer Anspruchslosigkeit und Robustheit im Jahre 1890 nach Sylt importiert. Sie diente als Windschutz. Heute ziert sie viele Gärten und Friesenwälle.

Q – WIE QUALLE UND QUELLE

Wenn bei warmen Wassertemperaturen, meist im Juli und August, durch Ostwind die Unterwasserschichten an die Oberflächen strömen, dann ist es mehr als ratsam, den Badespaß erst einmal einzuschränken. Zwar sind die »blauen« Quallen nahezu harmlos, die rot-gelben Feuerquallen hingegen können trotz des 98-prozentigen Wasseranteils Verbrennungen verursachen. Die glibberigen Oberflächen sind ungefährlich, tückisch sind die Nesselfäden an den Unterseiten.

Seit dem 17. September 1993 dürfen die Sylter voller Stolz ihre eigene Süßwasserquelle, die sich unterhalb der Dünenvegetation im Naturschutzgebiet bei Samoa befindet, präsentieren. Pünktlich zum 750-jährigen Bestehen der Gemeinde Rantum sprudelte die Quelle und wurde zum Aushängeschild der Insel. Fernab von jeglichen Umweltbelastungen wird das gesunde und reine Wasser verschiedener Adern aus bis zu 650 Metern durch eine 4,5 Kilometer lange Pipeline in die »Sylt Quelle« geleitet und schließlich nach Aufbereitung und Abfüllung zum Verzehr angeboten.

R – WIE RADFAHREN UND RINGREITEN

Auf der Insel gibt es ein knapp 200 Kilometer umfassendes Radwegenetz. Besonders beliebt sind die Fernstrecken von Westerland nach Hörnum oder List entlang der stillgelegten Inselbahntrasse. Kampfgeister gönnen sich eine Partie gegen den Wind, Genießer nutzen die steife Brise im Rücken. Wem trotzdem mal die Puste ausgeht: Linienbusse nehmen Radfahrer nebst Drahtesel mit.

Wenn auf Sylt ein Galgen errichtet wird, so schlägt dort nicht etwa einem Verbrecher das letzte Stündlein. Das Einzige, was am sogenannten Galgen baumeln wird, ist ein winziger Messingring. Diesen aus dem Galopp mit einer Lanze aufzuspießen ist die Aufgabe der Ringreiter. Acht Vereine pflegen noch heute diese Tradition. Die neun Turniere finden in den Sommermonaten in den Friesendörfern statt.

S – WIE STRANDKÖRBE UND SÖLRING

Insgesamt etwa 12.000 Strandkörbe stehen von April bis September auf Sylt. Es gibt Einsitzer, Zweisitzer und Dreisitzer, jeder von ihnen trägt eine Nummer auf dem Rücken. Die Körbe können entweder am Strand oder online gemietet werden. Sogar

Frühbucherpreise gibt es. Ein Strandkorb kann für einen Tag, für mehrere Tage oder für die ganze Saison gemietet werden.

Sölring ist ein Dialekt des Friesischen. Die Sylter Sprache hat mehrere Väter: Im Laufe von tausend Jahren vermengten sich Altfriesisch, Dänisch, Englisch und Holländisch. Durch den Einzug des Hoch- und Plattdeutschen wurde das Sölring jedoch zunehmend verdrängt. In einigen Sylter Kindergärten und Grundschulen werden die Jüngsten heute wieder an die Heimatsprache herangeführt.

T – WIE TEE UND TRACHTEN

Der Ursprung des Tees liegt zwar in Fernost – aber auch im hohen Norden hat das Getränk seit jeher eine ganz besondere Bedeutung. Egal ob beruhigend oder belebend – im Winter muss Tee auf Sylt vor allem: wärmen! Teestuben in fast allen Inselorten laden insbesondere nach einem langen Strandspaziergang ein. In Westerland werden sogar Teeseminare angeboten. Das Sylter Trachtenwesen lässt sich über drei Jahrhunderte zurückverfolgen. Die alte Tracht, das knielange weiße Unterkleid mit den roten Binden und der auffälligen Kopfbedeckung, geriet im goldenen Zeitalter des Walfangs in Vergessenheit. Die heutige Sylter Festtagstracht wurde im Jahre 1974 wieder entdeckt und wird seitdem von der Trachtengruppe der Söl'ring Foriining bei Festen vorgeführt.

U – UWE-DÜNE UND UTHÖRN

Steht man auf der »Uwe-Düne«, so liegt einem Sylt sprichwörtlich zu Füßen. Mit 52 Metern ist die Kampener Düne die höchste Erhebung der Insel. Von der Plattform bietet sich bei guten Sichtverhältnissen ein grandioser Blick über Sylt. Die Mammutdüne wurde nach dem Freiheitskämpfer Uwe Jens Lornsen, einem bedeutenden Sohn der Insel, benannt.

Uthörn ist eine Insel im Lister Königshafen. Die seit Anfang der 1960er-Jahre unter Naturschutz stehende Insel ist ein bedeutsames Rast- und Nahrungsgebiet für durchziehende Vögel. Hier befinden sich auch die Brutgebiete von Eiderenten, Brandgänsen, Austernfischern und Seeschwalben. Das Naturparadies darf nicht betreten werden.

V – VOGELKOJE UND VEREIN DER KAMPENER KUNSTFREUNDE

Eine Vogelkoje ist eine Einrichtung zum Entenfang. Die bekannteste der drei historischen Einrichtungen auf Sylt befindet sich nördlich von Kampen. Der Wildentenfang trug lange Zeit zum Lebensunterhalt der Inselbewohner bei. Seit 1935 steht das etwa zehn Hektar große Gebiet unter Naturschutz. Seit 1985 wird das Gebiet als Museum mit diversen Ausstellungen vom Sylter Verein Söl'ring Foriining betreut.

Mit dem Ziel, die Erinnerung an Sylter Künstler zu pflegen und gegenwärtige Talente der Sylter Kunstszene zu fördern, wurde 1975 auf Initiative des Malers Christian Hinrich der Verein der Kampener Kunstfreunde gegründet. 1986 ging daraus der Verein der Sylter Kunstfreunde hervor. Er hat rund 250 Mitglieder und zeigt Ausstellungen zumeist in der Stadtgalerie in der Alten Post in Westerland.

W – WASSERQUALITÄT UND WALFANG

Die Wasserqualität an den Sylter Stränden wird regelmäßig nach strengen EU-Richtwerten geprüft. Bereits seit 1971 werden in jedem Sommer an zehn verschiedenen Stellen an der West- und Ostseite der Insel regelmäßig und in kurzen Abständen Wasserproben entnommen. Die Untersuchungen im vergangenen Jahr bescheinigten dem Wasser rund um Sylt erneut eine sehr gute Qualität.

Als man Ende des 16. Jahrhunderts zwischen Grönland und Spitzbergen Massen von Walen entdeckte, heuerten auch viele Sylter auf den großen Walfangschiffen an. Der Walfang kam zur rechten Zeit: Die Landwirtschaft warf nicht genug ab und auch die Ausbeute in der Fischerei reichte nicht mehr aus. Die goldene Zeit des Walfangs dauerte bis 1800 und verhalf vielen Sylter Kapitänen zu Ansehen und Reichtum.

Z – ZUGVÖGEL UND ZIPFELGEMEINDE

Sylt ist ein Paradies für Ornithologen. Alljährlich machen Millionen von Zugvögeln Rast im Wattenmeer. Einzelne Schwärme nehmen dabei eine Dichte von bis zu 100.000 Individuen an. Das Rantumbecken ist eines der artenreichsten Vogelschutzgebiete Deutschlands, mehr als 180 Arten brüten oder rasten hier. Es werden ornithologische Führungen angeboten, außerdem lädt ein Informationszentrum zum Besuch ein.

List auf Sylt im Norden, Selfkant im Maastal im Westen, Görlitz an der Neiße im Osten und Oberstdorf im Allgäu im Süden stellen die äußersten Zipfel der Republik dar. Seit 1999 gibt es die Partnerschaft zwischen den Zipfelgemeinden, die sogar ein eigenes Reisedokument haben – den Zipfelpass! Dieser dokumentiert mit Stempeln der Rathäuser den Besuch in den Zipfelgemeinden.

VIELE WEGE FÜHREN NACH SYLT

MIT DEM AUTO

Seit 1950 verkehrt der DB-Autozug Sylt Shuttle auf der 39 Kilometer langen Strecke zwischen Festland und Insel. In Niebüll werden Pkw, Lkw und Motorräder verladen und über den Hindenburgdamm nach Westerland transportiert. Die Züge starten alle 60 bis 90 Minuten, zu Spitzenzeiten in der Hauptsaison sogar alle 30 Minuten. Die Überfahrt dauert 35 Minuten. Eine Reservierung ist nicht möglich. Tel. 01806-228383, www.syltshuttle.de

MIT DER BAHN

Die Deutsche Bahn verbindet Westerland mit zahlreichen Städten im Fernverkehr. Im Regionalverkehr zwischen Insel und Festland verkehrt die Nord-Ostsee-Bahn. Deutsche Bahn: Westerland ist IC-Bahnhof. Eine Intercity-Verbindung führt mehrmals täglich quer durch Deutschland nach Sylt. Tel. 0180-5996633, www.bahn.de Nord-Ostsee-Bahn: Die Züge zwischen Hamburg-Altona und Westerland verkehren stündlich. Weitere Stationen sind Keitum und Morsum. Tel. 01807-662662, www. nord-ostsee-bahn.de

MIT DEM FLUGZEUG

Sylt ist mittlerweile ganzjährig an das Streckennetz nationaler und internationaler Fluggesellschaften angebunden: Lufthansa, Air Berlin und Sylt Air verbinden die Insel in den Sommermonaten mit deutschen und europäischen Metropolen im Direktflug. Dreh- und Angelpunkt für den Flugverkehr ist der Flughafen Sylt vor den Toren Westerlands. Hier stehen Parkplätze, Taxis sowie Auto- und Fahrradvermietungen zur Verfügung. Sylter Flughafen, Tel. 04651-920612, www.flughafen-sylt.de

MIT DER FÄHRE

Zwischen List auf Sylt und der dänischen Nachbarinsel Röm (Rømø) pendelt bis zu siebenmal täglich die SYLTEXPRESS. Ein moderner Anleger mit einer Tragfähigkeit von 72 Tonnen ermöglicht das Be- und Entladen der Fähre auch bei extremen Wasserständen. Die Überfahrt dauert rund 40 Minuten. Eine Reservierung für das eigene Kfz ist kostenlos möglich und wird in den Sommermonaten empfohlen. Rømø-Sylt-Linie, Tel. 0180-3103030, 0461-864601, www.syltfaehre.de

Der Sylt Shuttle befördert Fahrzeuge über den Hindenburgdamm nach Sylt.

INSEL- UND STADTBUS

Die Linienbusse der Sylter Verkehrsgesellschaft (SVG) verbinden alle Inselorte miteinander. Spezielle Vorrichtungen am Heck der Busse ermöglichen zudem den Transport von Fahrrädern. Innerhalb Westerlands verkehren außerdem die Stadtbusse. Sylter Verkehrsgesellschaft (SVG), Tel. 04651-836100, www.svg-sylt.de

INSELRUNDFAHRTEN

Die Sylter Verkehrsgesellschaft (SVG) bietet große und kleine Inselrundfahrten mit fachkundiger Führung an. Die kleine, zweistündige Rundfahrt startet am Bahnhof Westerland und führt Richtung Norden durch Wenningstedt und Kampen, vorbei an den Wanderdünen bis nach List. Nach einem kurzen Stopp im Hafen geht es zurück nach Westerland über Braderup, Munkmarsch, Keitum und Tinnum. Auf der großen, dreistündigen Rundfahrt geht es weiter in den Inselsüden nach Rantum und Hörnum. Sylter Verkehrsgesellschaft (SVG), Tel. 04651-836100, www.svg-busreisen.de

MIETWAGEN

Flexibel auf eigene Faust die Insel erkunden. Wenn der fahrbare Untersatz fehlt – kein Problem. Auf Sylt gibt es zahlreiche Autovermietungen mit einer Vielzahl unterschiedlicher Modelle. Sylt Marketing, Tel. 04651-82020, www.sylt.de

DIE INSEL ZUM VERLIEBEN ...

Verlieben kann man sich überall. Aber nirgendwo sonst werden Herzen so schön zum Schmelzen gebracht wie auf Sylt. Und das zu jeder Tages- und Nachtzeit. Mit einem Sonnenaufgang über dem Hörnumer Watt könnte der Tag beginnen, frei nach dem Motto: »Du und ich für alle Gezeiten«. Es folgt ein Spaziergang um die einsame Südspitze Sylts, der garantiert Appetit auf ein Genießer-Frühstück im Standkorb macht. Die Nordseeinsel gilt als kulinarisches Mekka, zig »Michelin«-Sterne funkeln am Himmel und verwöhnen zukünftige Paare mit Gaumengenüssen. Und auch diejenigen, die ein Picknick im Freien dem Besuch im Gourmet-Restaurant vorziehen, müssen nicht auf Sterne verzichten. Man sucht sich einfach ein nettes Plätzchen, breitet die Decke und den Picknickkorb aus und blickt in den Sylter Sternenhimmel. Höhepunkt eines romantischen Tages auf der Insel ist der Sonnenuntergang, den man in einem der zahlreichen Strandbistros mit Champagner, Austern und Meeresblick genießen kann. Oder man bestaunt den Sonnenuntergang am Roten Kliff in Kampen, das abends die Betrachter mit einem eindrucksvollen Farbenspiel verzaubert. Also, auf nach Sylt!

URLAUB ALLEIN AUF SYLT

EIN SINGLE KOMMT SELTEN ZU ZWEIT

Sie fahren allein auf die Insel? Was nehmen Sie mit? Nichts – denn die Insel heißt Sylt. Hier finden auch Alleinreisende alles, was den Urlaub rundum gut macht. Erholung und Einsamkeit, wo es gewünscht ist. Anschluss an Gleichgesinnte im Rahmen unterschiedlicher Touren. Wer als Single-Urlauber ab und an das Gemeinschaftsgefühl sucht, hat mehr als 70 Gruppenführungen durch die Sylter Landschaft zur Auswahl – angeboten von Gästeführern und Naturschutz-Organisationen. Mit der Naturschutzgemeinschaft Sylt geht es mitten durch die Braderuper Heide vorbei an Friesenhäusern und Salzwiesen. Gemeinsam mit Mitarbeitern der Schutzstation Wattenmeer wird die stürmische Südspitze der Insel erkundet. Dank des Erlebniszentrums Naturgewalten ist selbst Wandern auf Wanderdünen im Angebot. Immer ganz nah am Herzschlag der Insel, immer mit Menschen, die die eigenen Interessen teilen. Eine Übersicht über das Angebot der Sylter Gästeführer bietet die gleichnamige Broschüre, die unter www.sylt.de heruntergeladen werden kann. Die Themenauswahl ist groß und reicht von einem Spaziergang durch die Braderuper Heide bis zu einem Rundgang

durch das Künstlerdorf Keitum. Letzterer führt nicht nur zum Heimatmuseum und den berühmten Kapitänshäusern, sondern auch tief in die Sylter Vergangenheit. Tief drin – im Schlick des Weltnaturerbes – stecken mitunter auch die eigenen Füße. Eine Wattwanderung ist der Klassiker unter den geführten Touren und doch immer wieder anders, immer wieder neu. Wildfremde Menschen graben gemeinsam mit der Schaufel Wattwürmer aus. Erlebnisse wie diese verbinden und lassen sich später bei einer »Toten Tante« (heiße Schokolade, Rum und Sahne) noch vertiefen. Und auch die Spaziergänge mit Kapitän Falk Eitner über den Kampener Künstlerpfad enden stets mit einer guten Portion Wirgefühl und stets in der »Kupferkanne« bei gemeinsamem Kaffee und Kuchen.

SYLT IM WINTER: WARUM NICHT?

RUHE UND EINSAMKEIT IN VERZAUBERTER LANDSCHAFT

Nicht nur im Sommer hat Sylt seinen besonderen Reiz. Auch die Wintermonate haben viel zu bieten. Vielleicht verbringen Sie mal den Jahreswechsel oder die Feiertage

auf der Insel? Sie werden Sylt von einer ganz anderen Seite kennenlernen. Gerade dann werden die Begriffe Einsamkeit, Abgeschiedenheit und Gemütlichkeit mit Leben erweckt. An den Stränden ist man auf Kilometern allein, ist ganz für sich und kann in Ruhe die Nordsee mit ihrem rauen Klima genießen. Die Wellen peitschen an den Strand, der Wind bläst um die Nase. Sylt im Winter hat etwas Besonderes. Und trotzdem ist man nicht allein. Viele Menschen genießen nun das ursprüngliche Sylt, weit entfernt von den lebhaften Zentren und Stränden. Zwar ist in Westerland immer etwas los, doch in Keitum oder List hat man nun seine Ruhe. Geschäfte haben sich auf die Winterzeit eingestellt, in Restaurants und Hotels bekommt man nun die besten Plätze oder günstige Arrangements. Wohl dem, der einen Beauty-Urlaub eingeplant hat. Ruhe satt und gleichzeitig noch etwas Gutes für den Körper tun. Und langweilig wird es ganz bestimmt nicht. Denn auf dem Programm am Jahresende oder Neujahr stehen einige Highlights, die Sie nicht verpassen sollten. Anfang November geben sich im Hotel »Budersand« Spitzenköche die Töpfe in die Hand. Vier Novembertage lang wird das Hotel im Inselsüden Mittelpunkt der kulinarischen Welt. Sternekoch Jens Rittmeyer steht mit befreundeten Köchen, Wegbegleitern und Lehrmeistern zusammen am Herd und zaubert den staunenden Gästen die Köstlichkeiten der Insel. In Workshops und beim Galadinner sind die Gäste den »Sternen« am nächsten.

SILVESTER AM STRAND

Ende November beginnt auf Sylt die kuschelige Weihnachtszeit. Den Auftakt der vorweihnachtlichen Saison macht stets das Archsumer Weihnachtsstübchen. Mit Kunsthandwerk und friesischen Leckereien in festlich geschmückter Atmosphäre wird das Warten auf den Heiligen Abend versüßt. Am zweiten Weihnachtstag findet alljährlich das beliebte Weihnachtsbaden am Westerländer Strand statt. Unerschrockene treibt es bei Temperaturen von fünf Grad in die Fluten der Nordsee. Jedes Jahr wagen sich über 200 mutige Schwimmer mit fantasievoller Bekleidung ins Wasser. Vom 28.12. bis Neujahr versammeln sich in Wenningstedt zur »Kliffmeile« die Partyfreudigen. Ursprünglich wurde der Partymarathon für die Millenniumsfeier 2000 ins Leben gerufen. Im großen Festzelt auf dem Kapellenplatz wird getanzt und gefeiert. Höhepunkt ist die große Silvesterparty mit Feuerwerk am Strand. Sportlich geht es allerdings am traditionellen Silvesterlauf am 31.12. zu. Mit Laufschuhen auf die Piste heißt das Motto. Denn am letzten Tag des Jahres geht es beim Silvesterlauf um Spaß an der Bewegung und um das Gemeinschaftsgefühl, wenn sich in Westerland Hunderte Läufer an den Start begeben. Die Strecken werden nicht in Kilometern, sondern in Minuten eingeteilt. Statt Leistungsdruck steht der Spaßfaktor im Vordergrund, und in einfallsreichen Kostümierungen lässt es sich am besten laufen. Am häufigsten werden Piraten und Prinzessinnen im Feld gesichtet. Kurze Zeit später findet zum Jahresausklang die große Silvesterparty an der Westerländer Strandpromenade statt. Während um Mitternacht die Sektkorken knallen und sich über der Nordsee ein gigantisches Feuerwerk entlädt, tanzt man auf der Promenade und auf der Friedrichstraße ins neue Jahr.

Wer es zu toll getrieben hat, kann sich beim Neujahrsbaden vom Kater erholen. In Wenningstedt steigen die unerschrockenen Schwimmsüchtigen mit oder ohne Badeanzug ins Wasser und fröhnen den Kräften der Nordsee nach einer langen Partynacht. Beim Gourmetfestival Mitte Januar begibt man sich auf Safari durch die teilnehmenden Restaurants zur kulinarischen Entdeckungsreise. Nicht fehlen darf am 21. Februar das Biikebrennen, wenn sich mit Pauken und Trompeten die Fackelumzüge zu den Biiken der Insel in Bewegung setzen. Mit dem gemeinsamen Feuer-Happening wird der Winter vertrieben. Anschließend wird in den Restaurants der traditionelle Grünkohl gereicht – mit den entsprechenden Zutaten.

JAHRESWECHSEL AUF DER INSEL

Wer sehnt sich nicht, besonders nach dem überstandenen Weihnachtstrubel, nach Erholung und Entspannung oder einem stimmungsvollen Jahreswechsel auf der Insel. Sylt hat hier viel zu bieten. Neben den schier unerschöpflichen Wellness- und Thalassoanwendungen zaubern die Sterneköche der Insel auch das kulinarische Mal dazu. Hinzu kommt die heilende Meeresluft, die einen freien Kopf macht. Zum Jahreswechsel, oder »Sünhair« (friesisch für Gesundheit) genannt, bieten die Hotels, Strandbistros, Bars und Restaurants viele Angebote und Events zum Jahresausklang. Die Silvesterparty an der Strandpromenade in Westerland ist die größte Veranstaltung mit Feuerwerk. Private Böller- und Raketeneinlagen sind aufgrund der Brandgefahr der Reetdächer streng untersagt. Für Sportler bietet sich der Silvesterlauf am 31.12. an. Der erste Januar ist dann eher beschaulich auf der Insel. Hier ist ein langer Spaziergang am Strand, vielleicht sogar ins Watt sehr zu empfehlen. Der macht den Kopf frei, das Herz rein und sorgt für einen klaren Horizont: »Rüm Haart, klaar Kiming«.

Auch in der kalten Jahreszeit oder zum Jahreswechsel hat die Insel eine Menge zu bieten. Foto: ©Sylt Marketing

FREIZEITANGEBOTE

Die telefonische Vorwahl für Sylter An-
schlüsse ist 04651 und wird daher nicht
mit aufgeführt.

Aquarium
- Sylt-Aquarium, Gaadt 33, Westerland,
  Tel. 8362522, www.syltaquarium.de

Bogenschießen
Ein Morsumer Verein kümmert sich auf
Sylt um den Sport, außerdem bietet Peter
Berhorst Bogenbauseminare für Kinder
und Erwachsene an.
- Bogenschützen Morsum, Arne von
  Pirch, Tel. 967272, www.bsm-sylt.de
- Youksakka Bow and Funcompany,
  Peter Berhorst, Tel. 0177-8027309,
  www.youksakka.de

Bowling/Kegeln
Hier rollt die Kugel – auch auf speziellen
Kinderbahnen und auf dem Billardtisch.
Shuffleboard, Dart und mehr.
- Luckys Bowling Center, Industrie-
  weg 10, Westerland, Tel. 986898,
  www.luckys-sylt.de

Bungee-Spinne
Im Sommer ist die Bungee-Spinne vor
der Westerländer Promenade und am
Lister Hafen aufgebaut. Ein Gurtsystem
ermöglicht die verrücktesten Loops und
Salti.

Der Strand bei der »Sansibar« – beliebter Aus-
flugsort auf Sylt.

Bücherei
Die Sylt Bibliothek hat reichlich Lese-
stoff für lange Abende und Regentage.
Auch Gesellschaftsspiele, CDs, DVDs,
Hörbücher gibt es zum Verleih. Zusätzlich wird ein Internetzugang, Faxversand
und ein Kopierservice angebote. Ste-
phanstraße 6, Westerland, Tel. 851270,
www.sylt-bibliothek.de

Boule
Die Sylter Bouletten freuen sich über
jeden Mitspieler.
- Boulodrome im Avenarius-Park Kam-
  pen, Herr Braun, Tel. 877335 (in der
  Saison)

Fallschirmspringen
In den siebten Himmel entführen die
Fallschirmspringer von Seventh Sky
auch Neulinge per Tandemsprung.
Tel. 0173-2160121, www.seventhsky.de

Fitness

Die Fitnesszentren bieten auch Tageskarten und ähnliche Arrangements für Feriengäste an.

- Sportcenter im Syltness Center, Dr.-Nicolas-Straße 3, Westerland
- Fitnessraum in der Sylter Welle, Strandstraße 32, Westerland, allg. Info: Tel. 9980, www.insel-sylt.de
- Fitness-Insel, Tinnumer Straße 9, Westerland, Tel. 834950, www.fitnessinsel-sylt.de
- Sylt Fitness, Am Hangar 8, Tinnum, Tel. 967880, www.syltfitness.de
- Rückenzentrum Wirbelwind, Keitumer Landstraße 46, Tinnum, Tel. 8362266, www.rz-wirbelwind.de

Fun Beach

Der Fun Beach am Brandenburger Strand im Norden der Westerländer Promenade und in Rantum am Strandübergang Sandwall Nord ist im Sommer der Strand für alle sportbegeisterten Sylt-Urlauber. Egal welche Altersklasse, egal welche Sportinteressen, hier findet man schnell Kontakt und hat Spaß. In der Saison kann man kostenlos Strandgeräte wie Bälle oder Frisbees ausleihen, täglich an verschiedenen Turnieren teilnehmen oder zuschauen und der Musik lauschen.

Golf

Die Sylter Golfplätze bieten ideale Spiel- und Trainingsmöglichkeiten für jede Spielstärke.

- Golfhopping, alle Infos: www.die-golfinsel-sylt.de
- Golf-Club Sylt (18-Loch-Platz, 9-Loch-Platz), Norderweg 5, Wenningstedt, Tel. 9959810, www.golfclubsylt.de
- Marine-Golf-Club Sylt (18-Loch-Platz), Flughafen 69, Tinnum, Tel. 927575, www.sylt-golf.de
- Golfclub Budersand Sylt (18-Loch Links Course), Fernsicht 1, Hörnum, Tel. 4492710, www.gc-budersand.de
- Golfclub Morsum auf Sylt (18-Loch-Platz), Uasterhörn 37, Klein-Morsum, Tel. 890387, www.golf-morsum.de

Gymnastik am Meer

Von Juni bis September findet täglich an den meisten bewachten Badestränden Strandgymnastik zum Mitmachen statt. Wann und wo, das erfahren Sie bei den Tourist-Infos der einzelnen Orte.

InselCircus

Vom 13.07. bis zum 28.08. ist der Insel-Circus in Wenningstedt zu Gast. Kampener Weg, Wenningstedt, Tel. 040-32082802 (ganzjährig besetzt), 04651-299499 (nur im Sommer besetzt), www.circus-mignon.de

Joggen/Lauftreff

Laufen am Strand macht bei Niedrigwasser besonderen Spaß, aber auch auf den Wanderwegen findet jeder seine Lieblingsstrecke.

- Lauf- und Nordic-Walking-Treff, Mi und Fr 17.30 Uhr, So 10 Uhr, Treffpunkt: Grundschule Tinnum (kostenlos), M. Kruse und A. Karst, Tel: 32566

Kajak

Direkt am Brandenburger Strand in Westerland kann man Kajaks und die Ausrüstung dazu ausleihen.

- Surfschule Westerland, Brandenburger Straße 15, Westerland, Tel. 27172, www.sunsetbeach.de

Kitesurfen

Die Reviere der tollkühnen Surfer an großen Lenkdrachen liegen am Parkplatz K4 kurz vor Hörnum, bei Sansibar-Süd hinter Rantum und am Ellenbogen. Die Surfschulen bieten meist auch Kitekurse an.

- Surfschule Wenningstedt »Camp One Sylt«, Dünenstraße 33 b, Tel. 43375, www.surfschule-wenningstedt.de
- Surfschule Westerland, Brandenburger Straße 15, Tel. 27172, www.sunsetbeach.de
- Kiteschule Sylt, Ellenbogen/List, Tel. 0172-4721748, www.kiteschule-sylt.de
- Surfschule Südkap, An der Düne 333 e, Hörnum, Tel. 0176-71817177, www.surfschule-sylt-hoernum.de

Kinderbetreuung

Während der Schulferien gibt es volles Programm für kleine Sylt-Urlauber. Alle Tourismusstellen laden zu Spiel und Spaß, Termine sind dort zu erfragen – Tipps für Babysitter übrigens auch. In

Kampen ist der »Kampino Kinderclub« täglich oder wochenweise zu buchen. In Rantum wird die »Kinderkiste« geöffnet. In Westerland ist die »Villa Kunterbunt« an der Promenade nördlich von der »Sylter Welle« die Anlaufstelle für alle zwischen drei und 13. Hier finden spannende Aktionen wie der Piratentag statt. Mittwochs ab 11 Uhr erobern kleine Nordseepiraten die »Villa Kunterbunt«

Zahlreiche Freizeitangebote können mit dem Schiff unternommen werden.

und gehen auf große Schatzsuche. In der 200 qm großen Erlebniswelt des »Confetti Kinderclub« sind die Kleinen das ganze Jahr über gut aufgehoben.

- Villa Kunterbunt, Obere Strandpromenade, Westerland, Tel. 998275
- Kampino Kinderclub Kampen, Tourismus-Service Kampen, Tel. 46980
- Confetti Kinderclub Sylt, Gaadt 31, Westerland, Tel. 850444

Kino

- Kinowelt, Strandstraße 9, Westerland, Tel. 836220, www.kinowelt-sylt.de

Minigolf

- Minigolf Rantum, Hafenstraße 12, Tel. 22584
- Minigolf Wenningstedt, Dünenstraße 24 a, Tel. 4470
- Minigolf am Aquarium, Gaadt 33, Westerland, Tel. 8362522

Motocross

In den Monaten Juli und August wird die Bahn für Kinder ab sechs Jahren in Wenningstedt an der Hauptstraße nach Kampen aufgebaut.

Nachtleben

- Club Rotes Kliff, Kampen
- Club Pony, Kampen
- American Bistro, Westerland
- Wunderbar, Westerland
- Classic Club Sylt, Westerland
- P3, Westerland

Nordic Walking

Auf insgesamt 26 Routen und 220 km durchzieht der Nordic-Walking-Park die gesamte Insel. Ein Kartenset aller ausgeschilderten Strecken gibt es bei allen Tourist-Informationen und im Buchhandel.

Qigong

Aus der traditionellen chinesischen Medizin stammend.
Übungen, Kursangebote und Infos:
Sabine Möller, Tel. 927226,
www.willkommen-auf-sylt.de

Reiten

Ponyklub oder Ausritt am Strand, Kutschfahrt oder Pension – für Pferdenarren gibt es eine Menge Anlaufstellen auf der Insel. Weitere Informationen unter www.sylt.de

- Reitschule Grünhof, Süderstr. 80, Keitum, Tel. 31208
- Reitstall Hoffmann, Gurtstig 46, Keitum, Tel. 31563
- Reitschule Olivenhof, Ingewai 40, Tinnum, Tel. 32906
- Reitstall Wiesengrund, Boy-Peter-Eben-Weg 6, Tinnum, Tel. 31600

Der Strand dient als Tribüne in Westerland zum Windsurf World Cup.

- Reitschule Lobach, Litjmuasem 16, Morsum, Tel. 890239
- Feldenkrais, Reiten, Terpwai 17, Wenningstedt-Braderup, Tel. 44369

Schach

Direkt auf der Westerländer Strandpromenade. Wenningstedt-Braderup am Minigolfplatz in der Dünenstraße

Schifffahrten

Karten gibt es in den Pavillons am Bahn-hof und in den Häfen.

- Adler-Schiffe, Tel. 01805-123344, www.adler-schiffe.de
- Piratenfahrt mit dem Kutter GRET PALUCCA ab Hafen List
- Miesmuschel-Tour ab Hafen Hörnum mit ADLER VI
- Austernbank-Tour ab Hafen List mit ROSA PALUKA

Schwimmen

- Sylter Welle, Westerland

Segeln

In den Häfen von Hörnum, Rantum oder Munkmarsch. Infos bei den Tourismus-Services oder www.sylt.de

- Sylter Yachtclub, Clubhaus Am Kai, Hörnum, Tel. 880274, www.sylter-yachtclub.de
- Sylter Catamaran Club Hörnum, Ha-fenstraße 41, Tel. 0160-95937473, www.sylter-catamaran-club.de
- Nordfriesischer Seglerverein Rantum, Tel. 929375
- Syltsurfing Surf- und Segelschule, Bi Heef 4, Munkmarsch, Tel. 935077, www.syltsurfing.de
- Sylter Segel-Club, Munkmarsch, Tel. 31871, www.ssc-munkmarsch.de
- Surfschule Südkap, An der Düne 333 e, Hörnum, Tel. 0176-71817177, www.surfschule-sylt-hoernum.de.
- Sylt Yachting, Flughafen Halle 74, Sylt-Ost, Tel. 8320315, 0179-4509784, www.sylt-yachting.com

Segelfliegen

- Aero-Club Sylt, Tel. 35871, www.aeroclub-sylt.de

Sportvereine

- TSV Tinnum 66, Tel. 32566, www.tinnum66.de
- Sport-Club Norddörfer Sylt, Am Ring 24, Tinnum, Tel. 4333
- TSV Westerland, Sjipwai 10, Tel. 21550, www.tsv-westerland.de

Strandsauna

- Listland, Weststrandstraße 333 a, Tel. 877174, www.strandsauna.info
- Kampen, La Grande Plage, Riperstig/ Weststrand, Tel. 886079, www.grande-plage.de
- Rantum, Campingplatz Hörnumer-straße 3, Tel. 834186, www.strand-sauna-sylt.de
- Rantum, Hörnumer Landstraße 70, www.strandsauna-samoa.de
- Hörnum, am FKK-Strand Süderende, Tel. 880300, www.strandsauna-hoernum.de

Surfen/Wellenreiten/SUP

- Jan's Surf-/Wassersportschule, Jan Hansen, Tel. 0175-2055494, 889750, www.wassersport-sylt.de
- Surfschule Wenningstedt »Camp One Sylt«, Dünenstraße 33 b, Tel. 43375, www.surfschule-wenningstedt.de

- MIZU Sports SUP-Kurse Wenning-stedt, Tel. 0176-23280604, www.mizusports.de
- Surfschule Westerland, Brandenburger Straße 15, Tel. 27172, www.sunsetbeach.de
- Syltsurfing Surf- und Segelschule, Bi Heef 4, Munkmarsch, Tel. 935077, www.syltsurfing.de
- Surfschule Meerspaß, Information und Kursanmeldung: Dorfhotel Rantum, Spa-Bereich, Hafenstraße 1, Rantum, Tel. 4609166, www.meerspass.info
- Surfschule Südkap, An der Düne 333 e, Hörnum, Tel. 0176-71817177, www.surfschule-sylt-hoernum.de

Teenie-Disco

Im Juli und August stehen die Klubs »Pony« und »Rotes Kliff« in Kampen für Kinder offen. Infos: Tourismus-Service Kampen, Tel. 46980

Tennis

Tennis-Club Westerland,
Am Seedeich 38, Tel. 6729,
www.tennisclub-westerland.de

Tierpark

Auf einer Fläche von 40.000 qm können im Tierpark Tinnum mehr als 300 Tiere vom Nagetier bis zum Flamingo beobachtet und gefüttert werden. Ringweg 100, Tinnum, Tel. 32601

Trampolin

- List: Hafenvorplatz

- Wenningstedt: Parkplatz Dünenstraße, Bungee-Trampolin an der Norddörfer Halle
- Westerland: Villa Kunterbunt, Obere Strandpromenade
- Rantum: Hafenstraße 4

Volkshochschule

- Akademie am Meer, Tel. 9550, www.akademie-am-meer.de
- VHS Sylt, Tel. 851266, www.gemeinde-sylt.de

Der Hafen von List ist eine Reise wert.

Yoga

Yoga-Kurse gibt es unter anderem im Syltness Center, siehe Kapitel »Wellness«, und bei den folgenden Lehrerinnen:

- Susanne Chinnow, Tel. 29598, 0173-6363795, www.yogaaufsylt.de
- yogamare, Maren Schulz, Tel. 8789005, www.yogamare.de

Als besondere Attraktion findet in den Sommermonaten Yoga am Strand statt. Weitere Entspannungsangebote: www.sylt-entspannt.de